深度学习视域下中学化学对话教学实施策略

赵 坡 著

SPM 南方传媒 | 广东人民出版社

·广 州·

图书在版编目（CIP）数据

深度学习视域下中学化学对话教学实施策略 / 赵坡著. —广州：广东人民出版社，2024.8
ISBN 978-7-218-17263-7

Ⅰ. ①深… Ⅱ. ①赵… Ⅲ. ①中学化学课—教学研究—初中 Ⅳ. ① G633.82

中国国家版本馆 CIP 数据核字（2024）第 007441 号

SHENDU XUEXI SHIYU XIA ZHONGXUE HUAXUE DUIHUA JIAOXUE SHISHI CELÜE

深度学习视域下中学化学对话教学实施策略

赵 坡 著

出 版 人：肖风华

责任编辑：朱东岳 杨言妮
责任技编：吴彦斌 马 健
封面设计：张梦琴

出版发行：广东人民出版社
地　　址：广州市越秀区大沙头四马路 10 号（邮政编码：510199）
电　　话：（020）85716809（总编室）
传　　真：（020）83289585
网　　址：http://www.gdpph.com
印　　刷：三河市龙大印装有限公司
开　　本：710 毫米 ×1000 毫米 1/16
印　　张：12　　字　　数：128 千
版　　次：2024 年 8 月第 1 版
印　　次：2024 年 8 月第 1 次印刷
定　　价：60.00 元

如发现印装质量问题，影响阅读，请与出版社（020-85716849）联系调换。
售书热线：（020）85716864

自序：我们为什么需要对话教学？

2021 年 7 月，中共中央办公厅、国务院办公厅印发《关于进一步减轻义务教育阶段学生作业负担和校外培训负担的意见》，明确要求学校健全教学管理规制[①]，强化教学管理，优化教学方式，提升课堂教学质量。如何通过优化教学方式提升课堂教学质量，成为摆在每一所学校、每一位教师面前的重要课题。

减负提质必然要求教师精准教学：对准学生、对准学科、对准知识。精准教学前，教师需要熟练掌握教学的关键章节、困难章节，通过准确锁定核心内容而精准施教；精准教学时，教师需要通过对话引导学生逐渐对知识进行展开、明晰，从而精准了解学情，为精准教学奠定坚实基础，初步展示出对话教学的重要价值；精准教学后，教师可利用技术平台对课堂检测、课后作业、单元测试等进行大数据分析，从而精准确定如何辅导学生学习章节中相应的知识。

从学生的角度来看，在遇到崭新且难度较大的学习内容时，需要通过更丰富、更深刻、更全面的师生对话、生生对话、生本对

① 规制：规制是指政府根据相应的规则对微观主体行为实行的一种干预，是公共政策的一种形式，即通过设立政府职能部门来制定规章制度，实施管理的方法路径。

话[①]来充分呈现个体理解的模糊性、片面性、浅显性，在持续的师生对话、生生对话、生本对话中逐步实现对所学知识的清晰、系统、深刻的理解，从而精准学习。这是进行深度学习应有的开放态度，任何掩饰和封闭都将阻碍精准学习的发生。

从教师的角度来看，教师作为教学专业人员，应准确了解某个学习任务中学生的认知水平及已有的经验，并将此作为新学习的起点，为学生提供有针对性的学习和建构机会，以达到引起学习、维持学习、促进学习的目的。事实上，学生带着有关世界如何运作的前概念[②]来到课堂，教学的实质就是教师创设专门的情境，通过常态、深入、全面的对话，时时了解学生的前概念，让学生经历一种有指导的学习过程，从而帮助学生在已有经验的基础上建构新的经验，引导更多学生“学会”。

课程是乐曲，教学是歌。这首“歌”是教师、学生、学科知识与日常生活的四重唱，因而教学是一种关系存在与对话实践。通过对话，教师和学生相互理解并集体创造学科与生活，由此不断生成自由思想、独立人格。

初中化学是学生系统学习化学的起点，包括对原子、分子、元素等概念的理解，元素符号、化学式、化学方程式的书写、常见元素化合价的标注等。初中化学的内容比较抽象，且需要学生在短期内形成较多化学学科思维，是学生初期学习化学的“拦路虎”。初中化学教学，尤其是前期教学，需要教师通过优化教学方式引导学生呈现个体理解的模糊性、片面性、浅显性，在持续的师生对话、生生对话、生本对话中逐步实现对所学知识的清晰、系统、深刻的

① 生本对话：指学生对文本的理解。

② 前概念：又叫前科学概念，在教学中泛指学生在新课教学前，对所学知识已有的认识和了解。

理解，从而确保更多学生学会，为可持续性化学学习奠基。此外，物质的量、氧化还原反应、离子反应、同分异构体等高中化学内容难度很大，其学习过程亦需要通过对话引导学生逐渐敞开心扉、明晰目标，为精准了解学情奠定基础。可见，开展中学化学对话教学，具有重要的理论意义和实践意义。

本书为深圳市教育科学“十四五”规划2021年度课题《指向深度学习的初中化学对话教学案例研究》（课题批准号：ybzz21121）重要成果，主要呈现了课题研究的理论探索和教学实践。本书秉承关系教育学智慧，提倡教师尊重和欣赏差异，围绕中学化学关键章节，构建基于核心问题解决的中学化学对话教学策略，为中学化学持续性深度学习奠定扎实基础，在优化教学方式、提升课堂教学质量方面给予中学化学教师有效参考，期待能引起更多共鸣和交流。

是为序。

赵 坡

2023年6月5日于深圳

目 录

理论探索篇

第一篇　对话教学与教学路径

摘要：对话教学尊重、欣赏、应用差异，不断消解中心，促使师生觉醒和解放，引导师生在关系世界中展开深层对话。对话教学根据学习目标拟定核心问题，创设生成核心问题的专门化学习情境，围绕核心问题的解决设计学习任务，依靠学习小组对初步的学习成果开展常态、深入、丰富的生本对话、生生对话、师生对话，组织及时、广泛、全面的协同学习，为持续性深度学习奠定扎实的基础，从而通过优化教学方式提升课堂教学质量。

关键词：对话教学；教学路径；教学机制

对话教学是师生基于关系价值和关系认知，整合反思与互动，在尊重差异的前提下合作创造知识和生活的话语实践，旨在发展批判意识、自由思想和独立人格[①]。从对话教学的概念出发，分析对话教学的特质，构建对话教学的路径，阐释对话教学的机制，是进

① 张华．对话教学：涵义与价值［J］．全球教育展望，2008（6）：7-16.

一步探索对话教学的基础。

一、对话教学的特质

（一）对话教学尊重差异

对话教学营造活跃的对话氛围,借助生生之间的深度对话共享、共创，指向相互表达、相互分享、相互启发、共同提高的协同学习。相似、重述不能形成深度对话，深度对话需建立在差异之上，没有差异就难以产生课堂上的高效对话，正是差异促进了对话的持续和深入。对话教学尊重差异，并欣赏、提升差异。

事实上，学生带着有关世界如何运作的前概念来到课堂，因为家庭、经历、认知、文化背景、习惯等不同，所以不同学生的前概念必然存在差异，又必然导致新的学习差异。差异是重要且积极的教学资源，是课堂教学最美的风景线。对话教学尊重差异之美，以差异为对话的必要根基，欢迎参与课堂教学的师生通过话语实践分享差异、反思差异。

（二）对话教学消解中心

学生主体说[①]认为，教师的教学要以学生为中心，通过调动学生的积极主动性来达到发挥学生主体性作用的目的。其本质是学生居教学中心，教师居教学边缘；教师主导说[②]的教学模式是以教师为中心，强调教师的“教”。教师在教学设计时，考虑的是用什么方法和手段才能使学生接受教师传授的知识。其本质是教师是主导，学生是从属。笔者认为不管是学生主体说，还是教师主导说，均折

① 燕国材．论学生是教育过程中的唯一主体 [J]．教育科学研究，1993(4)：1-4.

② 陈桂生．“教师主导、学生主体公式”评议 [J]．当代教育科学，2003（13）：22,31.

射出中心与边缘、主导与从属的二元对立，导致被动、压抑、控制的倾向。被动、压抑、控制的倾向最为典型的独白教学正体现了学生主体说的弊端：一位教师讲，一群学生听；偶尔有学生讲，也不过是猜测教师心中的标准答案而已。

对话教学追求深度学习，致力于消解中心，促使教师和学生觉醒，指向教师和学生的解放。深度学习需要师生之间、生生之间的深度理解。深度理解需要师生之间和生生之间的倾听和对话，因为倾听和对话是对话教学的标志。在对话教学课堂中，没有中心，没有权威，师生平等，对话自由。

（三）对话教学依托关系

世界具有多元性、差异性和关系性，在本质上是个"关系之网"。人们认识世界，其实就是建立关系——不仅与个人生活经历相联系，而且与历史传统和地域文化相联系，甚至与周围的人相联系。关系哲学追寻世界的独特性、多元性、差异性，将人和世界的关系转化为"交互主体的关系"，认为一切认识均处于关系之中，主张建立"关系"就是参与世界。

正是关系教育学孕育了对话教学论，因为对话是人性化关系的最好体现。弗莱雷[①]明确提出，对话是人们彼此间的际遇，它以世界为中介，以给世界命名为目的；给世界命名是人的根本特征，因而对话是人存在的必然性，没有对话就没有交往，而没有交往就不可能有真正的教育。[②]正因如此，对话教学追求学生与情境、学生

① 保罗·弗莱雷（Paulo Freire，1921~1997），巴西著名教育家，他的对话式教学反对教师在教学过程中的权威性，提倡的是和学生的平等互动。其对话式教学思想对当前我国对话式教学发展产生了较大的影响。

② 〔巴西〕保罗·弗莱雷．被压迫者教育学（50周年纪念版）[M]．上海：华东师范大学出版社，2020:53-60.

与文本、学生与学生、学生与教师等建立以知识创生为纽带的关系网，并在高频交互中获得深刻理解。

二、对话教学的路径

教学路径主要是指完成学习目标的程序和策略。教师要针对不同学习目标，设计不同教学路径。例如，针对基础性学习目标，由学生在课前完成，教师在课中进行适当提问、检查，加以落实；针对挑战性学习目标（这是课堂教学的关键），教师要将主要的精力放在解决核心问题上，培养学生的学科核心素养；针对拓展性学习目标，教师要在课中进行必要的点拨、提示，留到课后让学有余力的学生完成。

指向深度学习的对话教学，基于学生带着有关世界如何运作的前概念来到课堂的客观事实，提倡尊重和欣赏差异，整合反思与互动，构建和重视学习小组，根据学习目标拟定核心问题，创设生成核心问题的专门化学习情境，围绕核心问题的解决开展常态、深入、全面的生本对话、生生对话、师生对话，依靠广泛的协同学习为持续性深度学习奠定扎实基础，从而通过优化教学方式提升课堂教学质量。基于此，对话教学可参考以下路径开展。（见图 1）

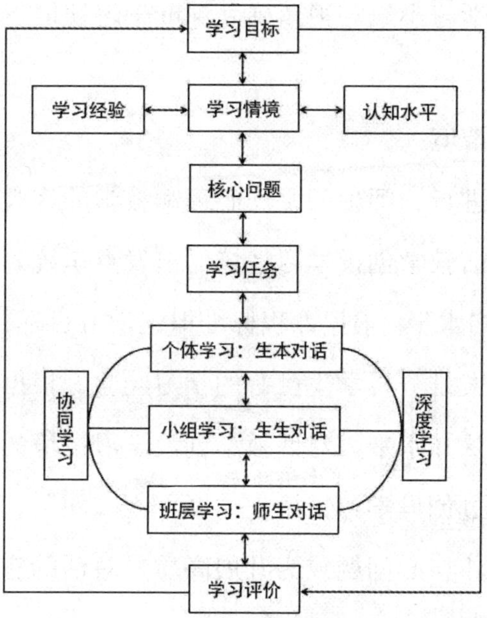

图 1　对话教学路径

基于学生的学习经验、学习情境、认知水平确立学习目标，以学生的核心问题为导向确立学习任务并开展个体学习、小组学习、班层学习，这是一种导向协同学习、深度学习的学习方法。同时，在学习过程中积极开展学习评价，以促进学习目标的有效落实。

三、对话教学的机制

教学机制主要是指为完成学习目标而拟定的相关政策、流程、方法、规则等组成的系统，包括教学规划、教学实施和教学评价等，用于组织和管理教学活动，以确保良好的教学质量。此外，教学机制还可以促进教学资源的有效分配和综合利用，推动教学方式的改革和创新。

对话教学尊重差异，认为差异是重要且积极的教学资源，通过话语实践分享差异、反思差异。能够成为教学资源的差异必然是紧扣核心问题、指向学习目标的差异，这就要求在充分利用差异之前产生具有学习价值的差异。为此，教师可从创设学习情境、拟定核心问题、设计学习任务、创立学习小组等视角确立深度学习视域下的对话教学机制。

（一）创设对话教学学习情境

教学活动在一定的时空里进行，师生的主观心理和教学的客观环境构成相应的学习情境。对话教学创设学习情境的出发点是统筹考虑学习目标、学习经验和认知水平：根据课程标准拟定学习目标，根据学生生活实际及课程内容安排分析学生已有的学习经验，根据个体身心发展规律预判学生的认知水平。对话教学创设学习情境的归宿是有效孕育核心问题：通过创设学习情境生“疑”立“问”，促使核心问题自然而然孕育，让核心问题成为开展高质量对话的有力线索。

（二）拟定对话教学核心问题

对话教学以核心问题的解决为线索，因此，有必要科学生成真正的核心问题并准确呈现核心问题，以使学生明确知晓要解决的问题是什么。核心问题的生成具有逻辑性：学生从学习情境走向核心问题。因此，学生需要理解学习情境与核心问题的逻辑关系，生成指向学习目标的核心问题。基于此，教师要紧扣学习目标，帮助学生设计跨越障碍、生成问题的支架，以使核心问题的生成趋于顺利，同时，通过合理的方式准确描述核心问题。

（三）设计对话教学学习任务

核心问题的解决需要学习任务作为支撑。学习任务是指为了达成既定学习目标而解决重要问题的活动，学生需要在完成学习任务的过程中对相关知识和方法进行有效组织。学习任务以解决核心问题为目标，以实现学习目标为根本，能对学生的学习起到良好的促进作用。常用的学习任务有：记忆型任务，要求学生对事物进行识记、保持、再现或再认，为高级认知活动奠定信息基础；比较型任务，要求学生以独特的视角将两种或两种以上的相似材料进行匹配或者关联，发现它们之间的异同；问题解决型任务，要求学生具备一定的问题分析、逻辑推理、方案设计、动手操作等能力，充满挑战性，更能激发学生的兴趣。对话教学主要关注的是问题解决型任务。

（四）创立对话教学学习小组

学习任务的完成需先经历学生个体的自主学习，而自主学习的有效深化必然走向合作学习。基于学习小组的课堂对话，通过组内对话促进学生经验的联想与建构，通过组间对话提升学生的高阶思维能力，通过自我对话强化学生的自主反思，能诱发学生找寻对同伴间认知冲突的解释，将互动经验内化为自己的知识，在实质上强化学生的课堂参与度，在更广阔的范围内发生协同学习，让学习朝着有利于意义建构的深度学习方向发展。

对话教学基于核心问题的解决而开展有主题的讨论，其目的在于开放心灵、分享认知、碰撞观点、生成智慧。当师生围绕一个特定的核心问题产生观点时，师生能够自由思考、自由分享、自由表达，从而在师生的共同参与中产生新观点和新方法，让新观点和新方法在对话中持续更新、螺旋上升，于是，每个人都能感受进步。正因如此，对话教学要激发话语需求，要倡导差异共存，要营造开放的生态，要崇尚成果共享。

第二篇　对话教学与教学评价

摘要：对话教学围绕核心问题的解决而展开，通过师生、生生及生本的深度对话，实现学生对重难点内容的深度学习。对话教学视域下的初中化学课堂教学评价标准更加突出师生关系民主平等、问题情境贴切有趣、核心问题富有挑战、互动过程紧张有序、教师评价拨云见日、对话质量精益求精等六个方面，旨在引导学生敢于对话、乐于对话、急于对话、忙于对话、善于对话、勤于对话，从而形成可持续、可借鉴的好课实践智慧。

关键词：对话教学；初中化学；深度学习；课堂教学评价标准

课堂教学评价标准是引领课堂教学改革走向的方向标和指挥棒。课堂教学评价标准的拟定与课堂教学的价值取向及课堂教学的基本形态是相匹配的。课堂是教书育人的主阵地，通过一节又一节的好课不断提升课堂教学质量是教师永恒的课题。事实上，基于不同视角、不同学科，课堂教学评价标准不尽相同。本篇基于对话教学视域，探索初中化学课堂教学评价标准，以丰富对课堂教学评价标准的认识。

一、对话教学内涵

所谓对话教学，是指师生基于关系价值和关系认知，在尊重差异的前提下，整合反思与互动，分享新的发现与价值，合作创造知识和生活的话语实践。对话教学能让师生从获得知识、积累知识的竞争学习中解脱出来，指向相互表达、相互分享、相互启发、共同提高的协同学习。对话教学尊重、欣赏、应用差异，不断消解中心，促使师生觉醒和解放，引导师生在关系世界中展开深层次的理性探问，使对话教学呈现相依性、民主性、语言性、开放性和创生性等特点。

钟启泉指出，“对话”是沟通人心的桥梁，没有对话就没有沟通，没有沟通就没有教育。① 刘铁芳与罗明认为，对话作为思想方式，能开启思维、深化交流，促进对事物的深度理解。② 翟文华与周志太强调，以对话形式解决问题是对话教学的核心特征。③ 可见，对话教学围绕核心问题而对话，通过对话层层再现知识的真实发生过程，开阔思维，碰撞智慧，能引发深度学习，更利于培育学科核心素养。当然，对话教学指向明确的学习目标，基于解决真实问题而开展，绝不是为了对话而对话。

① 钟启泉．对话型教学的创造 [J]．教育发展研究，2020，40（4）：38-43.

② 刘铁芳，罗明．作为教学方式的对话：意蕴及其可能性 [J]．课程•教材•教法，2020，40（3）：89-94，110.

③ 翟文华，周志太．对话教学的协同效应 [J]．现代大学教育，2016（5）：17-21，112.

事实上，在遇到崭新且难度较大的学习内容时，学生需要通过更丰富、更精确、更全面的师生对话、生生对话、生本对话来充分呈现个体理解的模糊性、片面性、浅显性，在持续的师生对话、生生对话、生本对话中逐步实现对所学知识的清晰、系统、深刻的理解，从而“学会”知识。

对话教学追求创造民主、开放、信赖、共生的学习氛围，有利于对话教学围绕核心问题的解决而展开，能引发更多深度理解。这是学生进行深度学习应有的开放态度，任何掩饰和封闭都将阻碍深度学习的发生。

二、对话教学实施

戴雨濛、吴新建与张贤金以“乙烯与加成反应”为例，探讨了对话教学在化学教学中的应用，并提出“对话教学的核心是问题，教师应重视问题情境的创设，设计问题指引对话，以讨论、实验、互动的活动环节为主线，使学习更接近于知识的真实发生过程”[①]的教学主张。

据此推断，对话教学的关键在于呈现引发持续、深入、全面对话的核心问题。此核心问题既要衍生学习内容、推进教学进程、利于学习目标达成，又要让学生有话可说、有惑可提、有进步可感。前者避免核心问题变成“为了问题而问题”，后者避免核心问题缺失对话的必要性。可见，设计可供对话的核心问题是实施对话教学

① 戴雨濛，吴新建，张贤金．基于“证据推理与模型认知”的对话教学评析——以“乙烯与加成反应”教学为例 [J]. 化学教学，2019（7）：51-54.

的必要条件。

当然，核心问题的确立，一方面需要教师创设引发核心问题的真实情境，让核心问题的出现水到渠成；另一方面需要教师用简洁、精准的学科语言呈现，让学生可以顺利获悉问题。确立了核心问题，对话教学就有了可靠的载体。

综上所述，实施对话教学，教师需要关注创设问题情境、设计对话问题、组织互动过程、评价对话质量等环节。其中，创设问题情境是基础，设计对话问题是关键，组织互动过程是保障，评价对话质量是升华。

三、初中化学对话教学课堂教学评价标准

（一）师生关系民主平等，学生敢于对话

在师生关系民主平等的课堂上，学生不用担心说错，因此，学生敢于对话。好的化学课堂，师生关系必然是民主平等的，学生是敢于表达观点的。这就要求化学教师树立构建民主平等师生关系的意识，给予学生足够的尊重，不讽刺、挖苦、斥责、打压学生，让学生充分感受化学课堂的轻松、和谐和愉悦。

例如，不少学生在临近中考时，依然不能准确区别现象与结论，会将“铁丝在氧气中剧烈燃烧，火星四射，生成黑色的四氧化三铁”这种描述看成现象。在教师眼中，这可能是极为简单的知识，但在学生心中却很有迷惑性。教师应充分理解学生的难处，不因学生做错常见题目而讽刺学生，这就是师生关系民主平等的体现。

（二）问题情境贴切有趣，学生乐于对话

教师一般只需要进行一种学科教学，而学生要在不同学科之间及时进行转换。不同学科的学习，需要不同的学科思维方式；学生在不同学科之间转换，实质就是转换不同的学科思维方式。因此，化学教师在教学时一方面要创设具有“化学味”的问题情境，让学生顺利转换到化学的学科思维方式；另一方面要注意问题情境与学习内容的自然联结，让核心问题的呈现水到渠成、贴切有趣，这样学生才会乐于对话。

例如，在学习“溶解度”时，笔者创设了以下情境。

在室温下，量取50mL蒸馏水，放于烧杯中，拟逐份加入每份5g的氯化钠，笔者请学生猜测可以溶解多少份。有的学生说2份，有的学生说3份，有的学生说5份……在一片猜测声中，笔者请学生演示实验，学生都翘首以盼，急切地想知道答案，全神贯注地关注着“溶液由不饱和变饱和”的过程……

本次创设的问题情境，既是具有“化学味”的情境，也是能引出“溶解度”学习内容的情境。虽然仪器、试剂均常见，但猜测和验证的过程特别有趣，学生有参与对话的需求，自然而然就乐于参与对话。

（三）核心问题富有挑战性，学生急于对话

核心问题是对话教学的载体，一个好的核心问题预示着对话教学的成功和必要性。因此，教师在设计核心问题时必须注意核心问题的自然生成、精准表达和富有挑战性。自然生成是要让学生明白交流核心问题的必要性，精准表达是要让学生感受到核心问题的表达精练和指向准确，富有挑战性是激发起学生围绕核心问题参与对话的热情和需求。

例如，在中考备考阶段复习“水”这节内容时，为了使学生对有关水的化学反应的学习更加系统化、结构化，笔者设计的核心问题是：请写出所有水参与及生成水的化学反应方程式，尝试对所写反应进行分类，看谁写得又快又多。

这个核心问题，学生都能轻松进入，有话可说，但都觉得“说不全”，因此，很有挑战性。从课堂实际效果来看，学生热情高涨，小组内热烈讨论，小组间相互补充。当出现新的答案时，学生都会发出“啧啧”的赞叹，越往后这种赞叹声越响亮。显然，这个问题充分发挥了核心问题的教学价值。

（四）互动过程紧张有序，学生忙于对话

在围绕核心问题进行师生、生生对话的过程中，教师一方面要建立日常互动机制，引导学生遵守倾听、补充、追问、质疑的程序；另一方面要密切关注互动过程，保护好学生互动的热情。

例如，一般笔者要求小组或个别学生在分享时采用这样的句式——“通过……，我认为……，我的依据是……”；在互动时采用这样的句式——“你刚才说……，我认为这是……，原因是……，同时，我认为……，我的依据是……”。

如此，分享是有逻辑的分享，互动是有逻辑的互动，两者以核心问题为载体，围绕核心问题的解决而展开，真正让互动在学习中产生实际意义。另外，笔者要求除参与分享的小组外，其他小组均需点评分享，或者提出一个问题——根据分享的内容提出问题，或者根据自身的理解提出问题。这就保证了对话的持续和深入，从而让学生忙于对话。

（五）教师评价拨云见日，学生善于对话

在开展对话教学时，教师的评价就像风筝线，教师一方面要及时收缩对话范围，确保对话围绕核心问题展开；另一方面要通过拉动风筝线给予学生暗示，引导对话适时升级。也就是说，在对话教学中，教师既要“拨云”，以免对话陷到云山雾罩之中，又要“见日”，让学生感知对话带来的进步。教师要做好随时介入对话的准备。

例如，在学习“粗盐的提纯”时，笔者设计的核心问题是：请设计出粗盐提纯的流程（提示：可从杂质是什么、除杂试剂是什么、加入除杂试剂的顺序是什么、为什么等方面思考）。

对于 Na_2CO_3 的作用，部分学生只考虑除去 Ca^{2+}，而未想到除去过量的除杂试剂 $BaCl_2$。此刻笔者的评价语是：除杂试剂也是杂质，那么如何除去过量的 Ba^{2+} 呢？这时，学生恍然大悟，立刻明白 Na_2CO_3 必须在 $BaCl_2$ 之后加入，而且能完整说出 Na_2CO_3 的两种作用：除去原有杂质 Ca^{2+}，除去除杂试剂 Ba^{2+}。

（六）对话质量精益求精，学生勤于对话

对话教学主要服务于学习重难点内容。教师在开展对话教学时需要筹划好对话教学的全过程，确保学生在对话教学中真切体验到热情、兴奋和成长。学生一旦体验到对话教学中的热情、兴奋和成长，就会主动参与到后续的对话教学中，让对话教学进入良性循环。这就要求教师通过优化对话教学过程来提升对话教学的质量，逐步让学生喜欢对话教学。

此外，对于学生尤其是低年段学生来说，必要的奖励能大大激发学生参与对话的热情。对话教学能激发师生参与本学科学术性交流的兴趣，但在学术交流之外，教师可根据学生的心理特征，给予针对性奖励，以提升对话教学的趣味性。比如，教师可以根据学生参与对话的情况，对表现优异的学生进行周期性奖励——糖果、饮料、书籍，一次单独辅导的机会，一篇家长群的表扬信，等等。

对话教学其实质是基于核心问题解决而开展的有主题讨论，其目的在于开放心灵、分享认知、碰撞观点、生成智慧。当师生围绕一个特定的核心问题产生新观点的时候，师生能够自由思考、自由表达，从而在师生的共同参与中产生新观点和新方法，让新观点和新方法在对话中螺旋上升，每个人都能感受到成长。

对话教学视域下的好课标准，对教师提出了更高的要求，需要教师更好地扮演教学形式的设计者、教学活动的组织者、教学内容的生发者、学习难点的指导者、课堂氛围的调控者、学习质量的评价者、学科学习的示范者等，充分发挥创造好课的主观能动性。

需要说明的是，以上好课标准只是围绕“对话教学”维度展开论述，一个完整的好课标准当然不限于此。比如，目标达成、纪律调控、板书设计、作业布置等，都是课堂教学评价需要考虑的维度。因此，谈论对话教学课堂教学评价标准需要突出对话教学维度，但也不能忽视其他维度。

第三篇 对话教学与深度学习

摘要：通过层层递进的围绕核心问题解决的言语互动，对话教学促使师生逐步对知识进行展开、澄清、明晰、深入、整合，引发资源共享、思维共振、成果共生，显化新、旧知识之间的逻辑性联结，深化对新、旧知识的批判性理解，强化对新、旧知识的迁移性学习，形成超越知识习得、追寻意义价值的建构性学习，帮助学生深度加工初中化学核心知识，从而促进深度学习的发生。

关键词：对话教学；深度学习；初中化学

从语言学视角分析，课堂教学是一种对话实践，需借助持续的师生对话推进。对话教学倡导在民主、平等、尊重、宽容、开放、多元的氛围中，以核心问题解决为载体，师生、生生通过丰富的言语互动，充分表达、相互启发、共同生成，不断加强新、旧知识之间的逻辑性联结，不断深化对新、旧知识的批判性理解，不断强化对新、旧知识的迁移性学习，形成超越知识习得、追寻意义价值的建构性学习，从而促进深度学习的发生。

一、落实层层递进，显化逻辑性联结

对话教学过程常被理解为语言过程，语言学理论得以成为审视课堂的新视角。以语言学中的“会话分析”理论归纳典型对话教学的言语特征，师生对话方式主要包括“引发（initiation）— 回应（response）— 反馈（feedback）”“引发（initiation）— 回应（response）— 回音（revoicing）— 反馈（feedback）”[①]。以上方式仅是对话教学的基本单元，真实的对话教学会进入周期性循环的师生对话，形式上更加复杂，方法上更加灵活。

第一种对话方式包括“教师引发 — 学生回应 — 教师反馈”“教师引发 — 学生回应 — 学生反馈”“学生引发 — 学生回应 — 学生反馈”等类型；第二种对话方式中的“回音”主要强调教师不直接反馈学生，而是使用复述或改述学生的观点，并以学生的观点做进一步推论[②]的形式反馈学生，创造学生新一轮的对话机会。其实，不管采用哪一种对话方式，师生在互动对话中均会逐步展开思维，陈述、解释自身思考，回应、评价对方观点，通过层层递进的对话，推动阶段性学习成果“自由流转”及“深度理解”，让知识由表及里、由浅入深、由散到整、由外到内，呈现更为明确的从无到有的知识衍生脉络，从而逐步显化新知识与旧知识之间的逻辑性联结，促进学生对新、旧知识的整合与结构化，为深度学习奠定逻辑性基础。

① 张娟娟，陈旭远，毛清芸，等．促进深度学习的师生对话特征：基于会话分析理论的探索[J]．教育科学研究，2021（10）：82-89.

② 同①。

例如，在学习“氧气的收集”时，师生从单一、孤立的“氧气收集”这个知识点出发，通过层层对话，逐步归纳出“气体密度或溶解性→收集方式→收集装置→收集时机→集满现象→验满方法→储存方式”等“气体收集”主题内容，知识衍生脉络清晰，知识联结逻辑明确。

二、丰富学习资源，深化批判性理解

教材、视频、信息、器材等均是重要的学习资源，但学习资源不仅包括显现的资源，还包括潜隐的资源。事实上，来到课堂上的学生绝不是一张白纸，而是带着有关世界如何运作的已有经验。这些经验需要教师唤醒、改造，使之能够自觉进入教学，既能辅助当下的教学，又使经验进入新的结构并得到进一步提升[①]。此外，不同学生因家庭、经历、思维等不同，其原有经验存在客观差异，将更多学生之间的差异转变为丰富的学习资源，能促使学生通过不同现象或变式看清知识的本质属性、把握知识的内在联系，达到深度加工学习内容的目的。

对话教学植根于差异、尊重差异、欣赏差异并提升差异，是差异学习资源开发利用的重要方式。教师在教学实践中要善于消除学生对差异的认知障碍，提倡“差异伴随学习”的理念，强调学生差异的交互促进，凸显差异在学习活动中的建构价值，通过差异与学习的连接，设计指向差异的学习任务，形成基于差异的合作驱动，

① 刘月霞，郭华．深度学习：走向核心素养（理论普及读本）[M]．北京：教育科学出版社，2018:44-45.

帮助学生从不同视角、以不同方式理解新、旧知识。

通过高频互动对话全方位呈现差异，对话教学不仅将差异转变为重要的学习资源，而且最大限度地丰富了学习资源，充分发挥了差异资源的教学价值。丰富差异学习资源，立体呈现不同经验、不同视角、不同思维、不同观点，引导学生在经历与反思的交互过程中善于倾听、敏于思考、乐于借鉴、敢于批判、勇于创新、长于表达，能够大大激发学生对新、旧知识的辨识和判断，从而不断深化学生对新知识和旧知识的批判性理解，为深度学习奠定批判性基础。

例如，在学习“探究 CO_2 的密度”时，有学生设计出仿照氢气球升空的方法，在气球中充满 CO_2，用气球上升或下沉的现象判断 CO_2 密度与空气密度的相对大小。乍一看，这种方法非常合理，但随后有学生提出异议：气球本身就有重量，仅凭充满 CO_2 的气球下沉的现象，并不足以判断 CO_2 密度与空气密度的相对大小。后来，经过充分对话，学生得出结论：用充满气体的气球上升或下沉的现象判断相对密度大小的方法适用于密度比空气小的气体。这种基于差异的对话教学，能够大大激发学生辨识和判断的兴趣，深化学生对知识的批判性理解。

三、训练高阶思维，强化迁移性学习

深度学习是以高阶思维为主要认知活动的高投入学习，强调新概念与已有知识经验之间的联系、批判性理解以及论据的逻辑性，即为了“迁移”而学习[①]。根据安德森修订的布卢姆教育目标分类

① 郑东辉．深度学习分层的教育目标分类学考察[J]．全球教育展望，2020，49（10）：13-26.

法，认知领域目标包括“知道、理解、运用、分析、评价和创造”[①]，其思维层次逐渐提升，其中，“理解、运用、分析、评价和创造”要求学生运用所学的知识去回答、解决新问题或促进新材料的学习，以促进“迁移”为目的，被认为属于深度学习的认知过程。

在以核心问题解决为载体的对话教学中，任何一次分享都可能意味着“盲盒的打开”，任何一次对话都可能带来头脑风暴。也就是说，每一位分享者要接受他人的由衷赞叹和理性质疑，做好进一步解释、补充的准备；每一位对话者要尽力听懂分享者的观点及逻辑，指出可靠的亮点或可疑的不足。正因如此，师生对话不可能停留在“知道”的表面，必定进入“理解、运用、分析、评价和创造”的层面，从而搭建充盈的循环往复的高阶思维训练平台。

对话教学致力于拓展对话方式、对话视角、对话内容等，对话教学之所以能训练学生的高阶思维，是因为对话教学已超越零散的、简单的、孤立的、不相关的事实或概念，引导学生在高频互动对话中完成观点碰撞、融合、再生，大幅度提升学生“理解、运用、分析、评价和创造”的能力，从而不断强化学生对新、旧知识的迁移性学习，为深度学习奠定迁移性基础。

例如，在学习“相对原子质量”时，有部分学生将 Na 的相对原子质量记为 23，而将 Na^+ 的相对原子质量记为 22，那么，Na^+ 的相对原子质量到底是 22 还是 23？经过对话，学生再次分析教材提供的质子、中子和电子的质量数值，确认质子和中子的质量近似

① 〔美〕洛林·W. 安德森（Lorin W. Anderson）等 . 布卢姆教育目标分类学—— 分类学视野下的学与教及其测评（修订版）（完整版） [M]. 北京：外语教学与研究出版社，2009:73-78.

相等，电子的质量约为它们的1/1836，可以忽略不计，由Na转化为Na^+，是失去最外层一个电子，质量几乎不变。学生因此得出结论：同种元素的原子和离子，其相对原子质量取相等数值。这种超越零散的、简单的、孤立的、不相关的事实或概念的对话教学，引导学生完成观点碰撞、融合、再生，训练学生的高阶思维，强化学生对新、旧知识的迁移性学习。

四、突出问题解决，升华意义性建构

以对话形式解决真实情境下的核心问题是对话教学的显著特征，核心问题解决贯穿引发对话、推进对话、拓展对话、升华对话的全过程。对话教学所设计的高阶思维问题主要包括理解性问题、应用性问题、分析性问题、评价性问题、创造性问题等。

具体来看，理解性问题主要考查学生能否正确理解、区别概念、原理、规律等，如“原子和分子的区别和联系是什么”。应用性问题主要考查学生能否熟练运用所学概念、原理、规律等解释某种现象，如“请从分子特征的角度解释夏天车胎更容易爆裂的现象”。分析性问题主要考查学生能否正确运用所学知识分析某种观点产生的逻辑或某些观点之间的联系，如“为什么说道尔顿提出原子说标志着近代化学的开始”。评价性问题主要考查学生能否理性、深刻地对事物的本质或价值作出有说服力的判断，如“如何看待温室效应的功与过”。创造性问题主要考查学生能否以创新的形式完成某项具体任务，如“请利用所提供的仪器和试剂，设计氢氧化钙溶解度随温度变化的实验探究方案”。

上述五种问题的认知层次逐渐提升，对话教学趋向于通过高认知问题的解决，引导学生在高认知学习过程中动手、动脑、动心，全身心参与知识生成的主要过程，增强学生亲力亲为和深度参与的持续体验，激发学生追寻所学知识背后的意义价值，从而形成超越知识习得、追寻意义价值的建构性学习，为深度学习奠定意义性基础。

对话教学扎根于日常课堂的言语互动场景，促进对复杂言语互动的理解。对话教学不是一座封闭的“孤岛”，而是一个互相表达、彼此启发、共同促进的有机整体。成为深度学习“催化剂”的对话教学，需要开辟更广泛的对话方式，拓展更系统的对话内容，提升更实用的对话技能，实现从“以学定教”到“为学而教”的转变，从培养人的高度落实学生学科核心素养的全面发展，具有推动课堂更宏大、更深刻变革的潜质。

第四篇　对话教学与学习小组

摘要：以学习小组为基本形式的对话教学，聚焦核心问题的解决，呈现明确统一的对话方向及真实可见的对话素材，以“班科协同，建立常态对话小组”“职责明确，依次互换对话角色”“任务驱动，夯实高质量对话基础”“组内关联，提升生生对话质量”“组间互动，寻找师生对话契机”“回归个体，注重自我对话价值”为抓手，促进联想与建构，提升高阶思维能力，强化自主反思，让学习朝着有利于意义建构的深度学习方向发展。

关键词：对话教学；学习小组；核心问题

《深化新时代教育评价改革总体方案》指出，学校要逐步完善过程性考核与结果性考核有机结合的学业考评制度，加强课堂参与和课堂纪律考查，引导学生树立良好学风。[①] 从语言学视角分析，课堂教学是一种对话实践，需借助持续的对话推进；教师和学生通

① 中共中央，国务院．深化新时代教育评价改革总体方案（2020）[S]．北京：人民出版社，2020：10-20.

过持续的对话相互理解并集体创造学科与生活[①]。以学习小组为基本形式的对话教学，聚焦达成学习目标的核心问题的解决，呈现明确统一的对话方向及真实可见的对话素材，能使自我、生生、师生等对话更有序、广泛、深刻，指向充分表达、相互启发、共同生成，强化了学生课堂参与和课堂纪律考查，利于完善过程性考核与结果性考核有机结合的学业考评制度。

一、班科协同，建立常态对话小组

在班级授课制的背景下，各学科学习小组的统一性有利于学生形成相对稳定的学习共同体。基于此，学习小组的建立需要班科协同，即在班主任和全体科任教师充分商讨、达成共识的基础上进行。对话教学视域下学习小组的建立须重视学生的知识基础、认知风格、自我期望等差异，要遵循组内“异质建构”[②]的要求，从而强化组员之间的联系和互动，提升对话的互补性、共享性、启发性。

此外，对话教学视域下的学习小组建立还须注意组长的产生方式及组长和组员的双向选择。民选的组长比指定的组长更有向心力，教师可根据班级实际情况确定组长的需求人数及任职条件，然后组织全体学生通过票选的方式，民主推选出心目中最理想的组长，最后按照票数高低及学生的任职意愿确定组长人选，让能力最优、人心最齐、意愿最强的学生担任组长，为后续常态化对话奠定扎实的学识、愿景、人际等基础。确定好组长后，教师可根据学生情况，将学生分成不同类别，组长和组员即可根据类别需求进行双向选择。

---

① 陈银萍．小组学习“有序对话”的构建［J］．当代教育科学，2011（14）：44-45．

② 同①。

这种双向选择能强化组长与组员之间的同盟关系，有利于小组成员树立基于共同愿景的责任意识。采用此法建立的学习小组，能让学习小组经由“责任共同体”转变为真正的学习共同体。

二、职责明确，依次互换对话角色

为了平衡学生差异与学生职责之间的不平衡，学习小组一般以4~6人为宜[①]。为了进一步推进对话，学习小组可设置组织者、发言者、提问者、总结者等角色，教师可根据学习小组的人数调整发言者、提问者人数。组织者一般需要通过调控过程组织对话，重在管理对话过程；发言者一般需要通过率先发言开启对话，重在呈现对话素材；提问者一般需要通过提出问题延续对话，重在产生对话联结；总结者一般需要通过梳理成果评价对话，重在呈现对话结构。事实上，所有组员均可自由对话，但同时需要在对话的开启、推进、终止等环节扮演不同角色。

需要说明的是，组长是学习小组的常态化管理者，但并不意味着他是每一次课堂对话的组织者。组长可根据需要或规则依次轮换组织者、发言者、提问者、总结者等角色，让每一位组员都经历不同的角色，从而通过换位思考，让“责任共同体”的角色、职责深入人心。此外，对话的价值并不在于“说出来”，而是被赋予分享信息、交换意见、深化理解、影响他人、达成共识等交互性功能[②]。也就是说，组员不能只是表达自我，而应通过追问与回应来

① 肖勇霞．小组合作学习在小学英语对话教学中的运用 [J]．教师博览（下旬刊），2020，10（8）：49-50.

② 姚晶晶．“负责任的对话”：有规则，求共识——“社会化学习”基本要素解读之二 [J]．教育研究与评论（小学教育教学），2021（7）：16-21.

实现彼此之间的联系与互动，试图与他人产生关联，这样才是真正的“对话”。因此，教师既要打造学习小组对话文化，也要提升学习小组对话技能，让学生愿意对话、善于对话。

三、任务驱动，夯实高质量对话基础

对话教学聚焦指向学习目标达成的核心问题的解决，用核心问题组织教学活动，把核心问题贯穿教学活动的始终。全体学生及全部学习小组紧紧围绕核心问题的解决这个共同任务，在强烈的解决问题动机的驱动下，通过对学习资源的积极主动应用，进行自主探索和互动协作学习，在完成既定任务的同时获得学习成就感。但合作学习不能指向同化别人或被别人同化，培养学生的合作品质，并不等同于教会学生妥协与顺从他人观点；合作学习中，个人独立思考的习惯和能力不能被忽视[①]。因此，高质量的合作学习，必然以高质量的自主学习为基础。

为此，在开展对话之前，全体学生需要根据自己对核心问题的理解，运用特有的知识和经验，提出解决问题的方案，做到“一人一案”。也就是说，在对话教学中，每一名学生既要表达自己的观点，也要倾听他人的意见，明晰自己的视域，同时走进他人的视域，从而在丰富的对话中实现对蕴含的知识的意义、价值的创造、建构、分享[②]。基于此，教师要确保每一名学生在对话教学中的公平地位，强化每一名学生“我的重要价值”的信念，赋予每一名学生更多“个

① 施利承，杜卫玉．认知冲突：合作学习中的多边对话［J］．教育学术月刊，2008（1）：85-87．

② 潘洪建．合作学习的知识基础与实施策略［J］．喀什师范学院学报，2006（4）：98-101．

体责任”，引导每一名学生通过深入的自主学习为“均衡参与对话”做好个人对话素材准备，从而夯实高质量对话基础。对此，教师可设计核心问题解决学习方案，让更多学生在自主学习时有据可依、有路可走、有迹可循。

四、组内关联，提升生生对话质量

在对话教学视域中，学习小组是以学习共同体的形式出现的，指向合作学习。事实上，当真正学习的时候，不仅共同体能整体产生出色的学习成果，个体成员成长的速度也比其他学习方式更快[①]。组内互动能涵盖全体学生，是对话教学面向全体学生的根本保障。从实践来看，多数组内对话往往“讲完自己的意见后就没有进一步的思考了”，停留在“浅表化、低质化”的集体汇报层面[②]。可见，组内互动的重点在于提升生生对话的质量，关键在于引导组员通过相互关联而产生真正的对话。基于此，教师要注重培养学生相互关联的对话能力。一是复述确认能力。在第一位发言人陈述完个人学习成果后，提问者或其他组员要根据自己对第一位发言人学习成果的理解，对于核心的、有疑问的内容，通过复述的方式确认，以厘清全组的认识。二是强化补充能力。组员要在之前组员发言的基础上，强化核心内容或补充缺失内容，避免重复陈述或面面俱到。三是协商修正能力。之前的发言是否存在不规范、不准确、不科学的内容，组员要进行平等的协商性修正，在维护良好对话关系的前提下修正学习内容，避免由“认知冲突”转化为“情感

① 刘创成．任职教育中课堂教学模式的转型［J］．西安政治学院学报，2004（3）：88-89.

② 姚晶晶．“负责任的对话”：有规则，求共识——“社会化学习”基本要素解读之二［J］．教育研究与评论（小学教育教学），2021（7）：16-21.

冲突”[①]。四是拓展提升能力。组员因他人发言而有所启发，从而在思维方式、逻辑结构、内容模块等方面有所拓展提升，实现全组获得更丰富的知识理解和更深刻的思维进阶。

五、组间互动，寻找师生对话契机

在学习小组中担任总结者角色的学生可以承担组间交流汇报的工作。组间交流内容主要包括“成果”及“困惑”两方面。第一个汇报的学习小组可围绕核心问题的解决，先汇报本组达成共识的方案、结论、推理等成果，再汇报本组存在的分歧、困难、疑问等困惑；其他学习小组可在倾听的基础上进行确认、补充、修正、提升等，不需要重复已有内容，也不需要面面俱到，而是要就某个关键问题进行深度探讨,因为组间交流的核心价值在于使学习走向深刻。

促进反思探究的重要行为是学习小组中的成员对话。如果没有语言对话，反思就仅限于个人的领悟[②]，组间对话亦如此。高质量组间对话的开展，依赖于教师的引导。在倾听小组汇报及组间交流时，教师必定会关注内容的重难点、结论的关键处、方法的异同点、推理的疑惑点等，若能适时进行强调、生疑、追问，促使更多小组参与对话，那么，教师就将引导组间对话逐步走向深刻，充分彰显组间对话的意义。在组间对话走向深刻的同时，教师亦可寻找师生对话的契机，如核心观点的准确提炼、思维误区的明确释疑、逻辑

① 施利承，杜卫玉．认知冲突：合作学习中的多边对话 [J]．教育学术月刊，2008（1）：85-87.

② 徐广东．“行动学习”：“行动—反思”模式在大学教学中的应用 [J]．中国大学教学，2020（5）：81-86.

疏漏的精确点拨等。正是本阶段画龙点睛式的师生对话，让对话教学质量更上一层楼。

六、回归个体，注重自我对话价值

对话意味着交互、共生。广泛的生生对话、师生对话将促进学生检视自我学习成果，让学生在反复对比中从他人身上学到解决问题的更优方案。通过自我对话，学生将实现自我反思的主动化、系统化、深刻化、明确化，深化对认知对象关键现象及本质属性的理解，促进新、旧知识的相互作用及逻辑联结，从而有效内化所学知识。可见，小组学习能助推自主学习，在组内对话和组间对话后，教师可给学生提供某种学习支架，以帮助学生通过必要的学后反思完成自我对话。

学习支架的设计要注重促进学生解决复杂问题能力的提升[①]。教师在关注核心问题解决的基础上，可着重从以下三方面设计学习支架：一是从整体把握学习内容与知识结构方面考虑，可采用线路图等框架化学习支架；二是从内容的理解与积累方面考虑，可采用对比式、总结式的图表化学习支架；三是从知识的内化与运用方面考虑，可采用诠释某种现象的问题化学习支架。例如，在学习完“水的净化”后，教师可从水的净化流程这个角度给学生提供含有空缺内容的流程图，以帮助学生巩固水的净化的关键环节及重要方法的学习内容；在学习完“原子”后，教师可从原子和分子的区别这个

① 崔春华．循证实践课例研究在项目化学习中的应用——以指向学生复杂问题解决能力提升的学习支架设计为例 [J]．上海教育科研，2022（2）：24-30.

角度给学生提供对比原子和分子异同点的图表化学习支架，以深化学生对原子、分子等微观粒子的认识；在学习完“氮及其化合物”后，教师可从“雷雨肥庄稼”这个角度给学生设计“用化学反应方程式及必要文字解释‘雷雨肥庄稼’的原因”等问题，以引导学生梳理有关氮及其化合物的重要化学反应方程式及相互间的转化关系。

课堂离不开对话，只有高质量的对话，才能促使学习不断走向深刻。基于学习小组的课堂对话能诱发学生找寻对同伴间认知冲突的解释，并将互动经验内化为自己的知识，产生真正意义上的学习，避免课堂对话停留在“一问一答”“自说自话”“避重就轻”的浅层上。因此，教师可在深度解读教材与精准分析学情的基础上，提炼源自真实情境的核心问题，将教学内容加工成能引发生生、师生、自我对话的材料，通过组内对话促进学生经验的联想与建构，通过组间对话提升学生的高阶思维能力，通过自我对话强化学生的自主反思，让学习朝着有利于意义建构的深度学习方向发展，从实质上强化学生的课堂参与。

第五篇　对话教学与核心问题

摘要： 对话教学聚焦核心问题的解决，在自由、民主、平等、理性的氛围中，以核心问题为线索组织教学活动。以“水的组成”为例，通过情境创设、关键点拨、要素辨析、方案设计、内涵引申、迁移应用等策略，完整呈现问题的生成、表述、解析和应用等环节，使教学过程转变为学生感受、理解知识产生、发展的过程和亲历、发现、生成、创造的过程，让基于问题的教与学站到高处、落在实处、走向深处。

关键词： 对话教学；核心问题；水的组成

从语言学视角分析，课堂教学是一种对话实践。通过对话，教师和学生相互理解并集体创造学科与生活[①]。对话教学围绕核心问题的解决而展开，强调新概念与已有知识经验之间的联系、批判性理解以及逻辑性论证，通过师生、生生及自我的深度对话，达成对

① 张华．对话教学：涵义与价值 [J]. 全球教育展望，2008（6）：7-16.

重难点内容的深度学习。核心问题的解决主要包括问题的生成、表述、解析和应用等环节，贯穿对话教学的整个过程。

一、情境创设，让问题自然孕育

教学活动在一定的时空里进行，师生的主观心理和教学的客观环境构成相应的教学情境。教师有意创设具有一定情绪色彩、以形象为主体的生动具体的场景，寓教学内容于真实的情境之中，为即将开展的学习呈现有力线索，给予学生潜移默化的暗示、唤醒和启迪，同时，给予学生积极的态度体验，从而助推教学顺利进行。可见，好的教学情境具有形象性、学科性、问题性和情感性，必然是“情”与“境”的有机融合。

对话教学特别强调教学情境的问题性，要求教学情境内含明确指向学习目标的问题。教师需要通过创设教学情境来生“疑”立“问”，让问题自然而然孕育，让问题成为新知识的窗口，让问题真正具备吸引学生的力量，从而激发学生的学习兴趣，诱发学生积极思考，促发学生主动探索。因此，学生的学习欲望达到旺盛状态，产生强烈的对话需求，高质量的对话随即开展。

在“水的组成”这节课中，笔者用50毫升烧杯展示约30毫升自来水，先是从吃、用、景等角度简要突出水的“司空见惯”，然后抛出疑问形成认知冲突：这么极其常见的水，为什么一直被看作一种“元素”？面对如此疑问，学生都非常好奇，特别想了解化学家探索“水的组成”的历史。笔者借此机会分享了约瑟夫·普里斯特利（J.Joseph Priestley）和亨利·卡文迪许（Henry Cavendish）的有关易燃空气实验的故事，形成探究“水的组成”的真实情境。此刻，关于普里斯特利和卡文迪许为什么未能成功说明“水的组成”的问题已经在学生内心自然孕育。

二、关键点拨，让问题呼之欲出

问题的生成具有逻辑性：学生从情境走向问题。学生若未能理解情境与问题的逻辑关系，就难以生成指向学习目标的核心问题。基于此，教师要紧扣学习目标，在信息的提取处、理解的疑难处、思维的转折处、规律的概括处等关键处给予学生适当点拨，帮助学生设计跨越障碍、生成问题的支架，以使核心问题的生成趋于顺利。也就是说，教师要把问题生成过程看作师生为达成学习目标而共同参与、动态呼应的对话过程。

“不愤不启，不悱不发。”[①] 对话教学倡导互动对话，注重对话时机的选择。在对话教学中，教师一方面要善于搭建学生多说的平台；另一方面要善于“察言观色”，以做到及时了解学生的学习障碍，适时给予关键点拨，从而使互动对话成为可能，让问题的生成自然而然。当然，点拨是引导，不是告知，教师在关键处点拨学生时，依然要注意询问、回应、留白，不可直接将答案告知学生，以免用教师的理解扰乱或代替学生如实生成问题的过程。

例如，对于水的组成，普里斯特利和卡文迪许均开展了有关“易燃空气”的实验，观测到大约 2 体积的“易燃空气”与 1 体积的氧

① 杨伯峻．论语译注（简体精装本）[M]．北京：中华书局，2018:8.

气恰好化合成水的事实，但却未对“水是一种元素”的传统观点产生怀疑，用错误观点解释真实现象，以致得出“两种气体里均含有水”的错误结论。为了帮助学生理解，笔者在与学生互动对话的过程中，完整梳理了两位科学家的错误之处，为“水的组成”寻找证据的问题就呼之欲出了。

三、要素辨析，让问题准确呈现

学者林定夷把问题定义为当前状态与目标状态的差距。① 幸小勤认为，真正的问题被视为可以改变且值得改变的事物。②L·劳丹甚至认为，问题一般只有在获得解决之后才成为问题。③ 正因如此，课堂教学中生成的核心问题必须是能够解决的问题，并可以通过一定形式描述出来。一般来说，指称对象有意义和预设了应答域的问题具有可解性④。例如，“维纳斯学过化学吗？”就是假问题，因为维纳斯是虚构的艺术形象，指称对象没有意义；“原子由什么构成？”是真问题，因为这个问题暗示原子是可分的，而且可以找出构成原子的更小微粒，预设了应答域。

对话教学以核心问题的解决为载体，因此，有必要科学生成真问题并准确呈现真问题，以让学生明确知晓要解决的问题是什么。为此，教师可从指称对象和应答域两方面对问题的描述进行把关，

---

① 林定夷. 问题与科学研究——问题学之探究［M］. 广州：中山大学出版社，2006：73.

② 幸小勤.“问题”及其构成要素的哲学考察［J］. 重庆大学学报（社会科学版），2013，19（2）：141-145.

③ 〔美〕L. 劳丹. 进步及其问题［M］. 刘新民，译. 北京：华夏出版社，1990：20.

④ 幸小勤.“问题”及其构成要素的哲学考察［J］. 重庆大学学报（社会科学版），2013，19（2）：141-145.

并引导学生对问题的要素进行辨析，厘清问题产生的背景，明确目标，深化对问题的理解，为后续解决问题奠定可靠基础。

在“水的组成”这节课中，核心问题生成的脉络主要是“为什么水一直被看作一种元素”“普里斯特利和卡文迪许为什么仍然错误地认为水是一种元素”“安托万-洛明·德·拉瓦锡（Antoine-Laurent de Lavoisier）为什么能得到水不是一种元素的结论”。在此基础上，师生通过对话，可将本节课的核心问题描述为：我们可以用哪些现象和事实说明水不是一种元素？该核心问题的指称对象是“我们”，即学生，这就引导学生要亲历科学家探索“水的组成”的过程；该问题暗示学生要确立评价理论依据，寻找现象和事实，预设了清晰的应答域。因此，该核心问题具有可解性。

四、方案设计，让问题走向探究

真实、具体的问题情境，是学生化学学科核心素养形成和发展的重要平台。基于真实、具体的问题情境，学生才能设计出具有可行性的解决问题的方案，才能不断提升解决实际复杂问题的能力。一份完整的化学探究方案一般包括原理、药品、装置、操作、现象、结论等内容，相对复杂。在方案设计环节，教师既要引导学生独立自主完成方案设计，也要注意引导生生、师生之间积极互动，以选择更为科学的设计方案完成后续探究。

对话教学的魅力就在于通过多元对话实现对所学内容的深度理解。较大难度的方案设计正是对话教学的重要关注点。为此，教师要及时了解学生自主设计的方案，选择典型方案作为对话素材，让学生有话可说，从而帮助学生在对比、反思中逐渐完善、优化方案，为顺利开展探究奠定科学基础。

在“水的组成”这节课中，能够证明水不是一种元素的实验方案主要包括水的合成和水的分解两个方面。前者主要以氢气的燃烧为例，后者主要以水的电解为例，两者均可以说明水是由氢元素和氧元素组成的，但教师要牢牢抓住“哪些现象和事实能够说明水不是一种元素”这一核心问题，让学生通过探究得以释疑解惑，获得高投入学习之后的成功体验。

五、内涵引申，让问题抽象本质

缺乏对学科问题本质的理解，培育核心素养将是空谈，好的教学必然是引导学生触及学科问题本质的教学。现象是问题的表面特征，本质是问题的内部联系，教学要引导学生对现象去伪存真、由此及彼、由表及里，不断深化对本质的认识，从而透过现象认识问题的本质。

对话教学营造活跃的对话氛围，借助同伴之间的深度对话共享共创，指向相互启发、共同提高。刘铁芳与罗明认为，对话作为思想方式，能通过对话来开启思维、深化交流，促成对事物的深度理解[①]。正因如此，对话教学有助于师生剖析问题的表面特征及内在联系，利于师生抽象出问题本质。

① 刘铁芳，罗明．作为教学方式的对话：意蕴及其可能性 [J]．课程・教材・教法，2020，40（3）：89-94，110.

在“水的组成”这节课中，笔者在组织学生探究“哪些现象和事实能够说明水不是一种元素”这一核心问题后，引导学生进一步思考：氢气和氧气化合生成水，说明水中含有氢元素和氧元素，水电解生成氢气和氧气，说明水中含有氢元素和氧元素，由此可引申出对“在化学反应中各元素有什么变化规律”这一问题的探讨。在此基础上，学生就能理解“化学反应中元素的种类和数量不会变化”这一观点，从而为学习质量守恒定律和化学反应的本质等奠定理性基础。

六、迁移应用，让问题深度加工

迁移应用是指学生把在一种情境中学到的知识和技能应用于新情境的过程，是以高阶思维为主的认知活动。深度学习注重学生对知识本质的理解和对学习内容的批判性应用，强调意义联结与深度加工知识，追求有效的学习迁移和真实问题的解决，以知识迁移和问题解决为目标[①]。因此，迁移应用既是深度学习追求的重要目标，也是深度学习发生的显著标志。

对话教学基于自由、民主、平等、理性的学习氛围，指向互相表达、彼此启发、共同提高。因具体差异而引发的丰富、深刻、系统的对话，能通过具体的差异促进联想、变式、迁移与创造，提升学生的认知水平，生发新的发现和价值，必将让学生获得更有意义的学习结果。

---

① 刘伟，戚万学，宋守君．致力于知识迁移的深度学习探究 [J]．现代教育技术，2019，29（3）：25-31.

在“水的组成”这节课中，笔者在组织学生探究能够说明水不是一种元素的现象和事实后，引导学生进一步思考：以“水的组成”探究为例，什么样的化学反应可以说明某物质是由两种或两种以上的元素组成的？学生在充分对话的基础上指出，用甲、乙、丙等表示不同物质，若它们之间存在以下关系，则能说明甲物质由两种或两种以上的元素组成：甲→乙＋丙＋……，乙＋丙＋……→甲。如此，学生既能温故知新、举一反三，达成顺向迁移，又能从元素种类和数量变化角度理解分解反应和化合反应，达成逆向迁移。在迁移应用的对话中，让问题被深度加工。

对话教学聚焦核心问题的解决，用核心问题组织教学活动，把核心问题贯穿教学活动的始终，能基于问题情境的创设引导学生生成问题、表述问题、解析问题、应用问题，让学生萌生深度学习的动机和欲望，在探索问题的思维活动中学会思考、学会分享、学会创造。以核心问题为线索的对话教学就是以创造为中心的教学，因为对话教学使学习过程转变为学生感受、理解知识产生、发展的过程和亲历、发现、生成、创造的过程，培养了学生的问题意识和科学精神，提升了学生解决真实问题的水平，为学生未来的发展奠定了价值观念、关键能力、必备品格等基础。

第六篇　对话教学与以学定教

摘要：对话教学的顺利开展，需要教师与学生在经验、思维、观念等方面同频共振。教学内容抽象、学生认知水平低、教学用具不够丰富直观、教师未能化解难题、教师的建构脱离学生、学生不能正常顺应同化、师生难以同频共振等因素造成学生听不懂的现象普遍存在。教师通过提升课堂趣味性、准确判断教学起点、科学衔接新旧知识、变抽象为形象、及时开展合作学习等途径，能将教师的建构转变为学生的建构，帮助学生打通同化和顺应的关键障碍，让更多学生听得懂，实现真正的以学定教，为持续深入的师生对话奠定基础。

关键词：对话教学；理解困难；消除障碍；应对策略

对话教学的顺利开展，需要教师与学生在经验、思维、观念等方面同频共振。现在实施的新课程教材采用将知识点螺旋式上升的编写方式，避免知识点的一次性集中呈现，注重知识衍生的基础性和层次性，利于学生逐步消化及稳妥接受。然而，在课堂上，学生听不懂的现象仍然存在，这不仅是教学低效或无效的明确证据，也是制约培育学生学科核心素养的关键因素。本文主要以建构主义的相关理论为依据，在新课程教学实践的基础上，分析高中生听不懂的原因及寻求解决高中生听不懂问题的策略，为持续深入的师生对话奠定基础。

一、听不懂的表现

真正的听课绝不能仅仅停留在肤浅的听的层面，还需要进入深刻的思的层面。听，主要是接收各种各样的信息；思，主要是系统理解及独立理顺各种信息间的逻辑关系。比如，学生听到教师讲“单质和混合物既不是电解质也不是非电解质”这个观点时，要独立清晰地思考背后的逻辑：电解质是在水溶液中或熔融状态下能导电的化合物，非电解质是在水溶液中和熔融状态下均不能导电的化合物，电解质和非电解质描述的对象都是化合物，单质和混合物均不是化合物，当然也不属于电解质或非电解质。

接收信息简单，但独立理解信息背后的逻辑关系较难。而这正是学生听不懂的关键原因。正因如此，学生听不懂的表现按照听课的先后顺序主要分为以下三种情况。

（一）学生不能完整接收信息

这类学生的突出表现是，每当学完一些内容后，他们总会在不经意间产生以下疑问：我们学过这些内容吗？这类学生主要是注意力不够集中、容易开小差的学生，因为前后所接收的信息不够连贯、完整，所以常常在课堂上感到云里雾里。以笔者所在班级（普通高中入学录取分数线处全市中等水平，下同）为例，此类学生所占比例约为 10%。

（二）学生不能准确理解核心知识

这类学生的突出表现是，在学习核心知识时，抓不住核心知识的关键，不能准确陈述核心知识，对核心知识一知半解，往往会片面地或错误地理解核心知识。比如，胶体、溶液、浊液三者的本质区别是分散质粒子直径的大小，不是丁达尔效应。丁达尔效应是“分散质粒子直径在 1 纳米到 100 纳米的分散系所产生的特殊性质”。这类学生往往会认为，只有胶体才有丁达尔效应，所以，丁达尔效应就是三者的本质区别，误把本质原因产生的结果当成了本质原因。初学此类内容时，笔者所在班级学生失分率占整体的 15% 左右。

（三）学生不能系统理解知识间的逻辑关系

这类学生的突出表现是，在教师的指导下，他们能“听懂”，然后就误认为自己“听懂”了。实际上，这是假听懂，因为他们一旦离开教师的指导，就不能独立理解知识间的逻辑关系了。比如，在学习“粗盐的提纯”这部分内容时，Na_2CO_3 的作用是什么，笔者所在班级绝大部分学生说“能听懂”。但在课堂检测时，只有约 20% 的学生能完整写出“除去 $CaCl_2$ 杂质和过量的除杂试剂 $BaCl_2$”，其余学生会把“除去过量的除杂试剂 BaCl2”这部分遗漏。事实上，这些学生主要是因为不能系统理解 Na_2CO_3 在粗盐提纯中的逻辑作用，往往是一叶障目，看不到整片“森林”。

二、听不懂的原因

（一）表面原因

1. 部分教学内容异常抽象

有些教学内容比较抽象，学生听起来总是感到云里雾里。比如，在初学“物质的量”时，学生很难理解其意义。像“物质的量”这类抽象概念，学生很难听懂。而学生在初学像“物质的分类”等知识内容时，一听就能明白。研究发现，教学内容的抽象，是学生听不懂的根源，这也是要根据学生的认知水平编写不同年级教材的主要原因。教师严格依据课标进行教学，不随意对教学内容拔高，但也无法回避教学内容的抽象性对学生听课效果的影响。

2. 部分学生认知水平较低

事实上，认知水平高的学生不仅能听懂更多的教学内容，而且听得非常轻松，其学习效果也要好得多。学生之间的差异客观存在，不会因为外界条件不同而发生本质改变。比如，在进行“晶胞”的教学时，成绩好的班级里学生基本上一听就懂，而成绩一般的班级里学生基本上怎么听也听不懂。学生的认知水平随着年龄的增长已经慢慢定型，教师无法选择认知水平高或低的学生。但是，教师可以主动丰富学生的知识储存、开阔学生的视野、优化学生的思考方式，这些都是大有可为的。

3. 教学用具不够丰富直观

过去的课堂教学，主要是听教师说，少有直观有效的教学手段。如今，直观教具丰富多样，对课堂教学效果的改善起到很大的助推作用。比如，在进行“丁达尔效应”的教学时，教师可选用“早晨树林里所投射的光柱”这个例子来说明光亮的通路现象；如果教师只是说，那么很难说得清，学生也很难听得懂，现在，只要用多媒体展示一张图片，就可以直观确切地呈现教学内容了。直观的教学手段对课堂教学的辅助作用越来越重要。

4. 教师未能巧妙化解难题

与学生存在理解能力的差异相同，教师教学能力的差异也是普遍存在的。优秀教师时常能将抽象的知识形象化，将晦涩的知识通俗化，将深奥的知识简单化，将杂乱的知识系统化。这既是教学经验的结晶，也是高超教学智慧的迸发。比如，为了让学生不混淆正、负极的概念，教师可以将“发生失去电子反应的电极叫负极”简化为“失负”，戏称其谐音“师父”，这样学生一听就懂，一记就会，一用就对。没有这个“师父”的形声记忆功能，学生是很容易混淆正、负极的。教师素养的提升是解决学生上课听不懂问题比较直接、有效、得力的武器，且教师素养提升得快与慢完全取决于教师自身。因此，教师要努力提升自身素养，使课堂成为解决学生听不懂问题的主战场（且是可改变、能改变的主战场）。

（二）深层原因

1. 教师的建构脱离学生

教师在备课及教学时，会有意识地根据绝大多数学生的认知水平设计教学过程，但是也会无意识地以原有的教学经验及自己的认知水平来设计教学过程。在有意识与无意识的情形下，教师对教学内容的建构如图 2 所示。

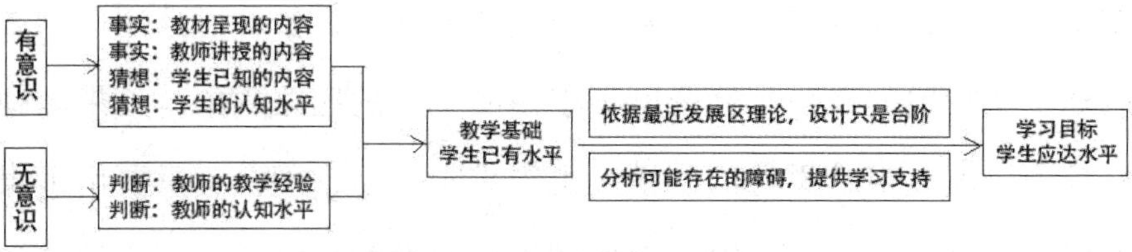

图 2　教师对教学内容的建构

教师在备课及教学时以模拟学生建构知识的过程进行教学内容建构的设计。但是，教师对教学内容建构的设计只能无限接近学生的知识建构，而不能代替学生的知识建构，也很难无限接近全体学生的知识建构。当教师对教学内容的建构脱离学生的知识建构时，学生就听不懂了。

2. 学生不能正常顺应同化

建构主义理论认为，学生与环境的相互作用涉及两个基本过程：同化与顺应[①]。同化是指把外部环境中的有关信息吸收进来并结合到已有的认知结构中的过程；顺应是指外部环境发生变化，原有认知结构无法同化新环境提供的信息时所引起的认知结构发生重组与改造的过程。

学生的认知结构就是通过同化与顺应过程逐步建构起来的，并在“平衡—不平衡—新的平衡”的循环中得到不断的丰富、提高和发展。据此，可将学生建构知识的过程呈现为图 3。

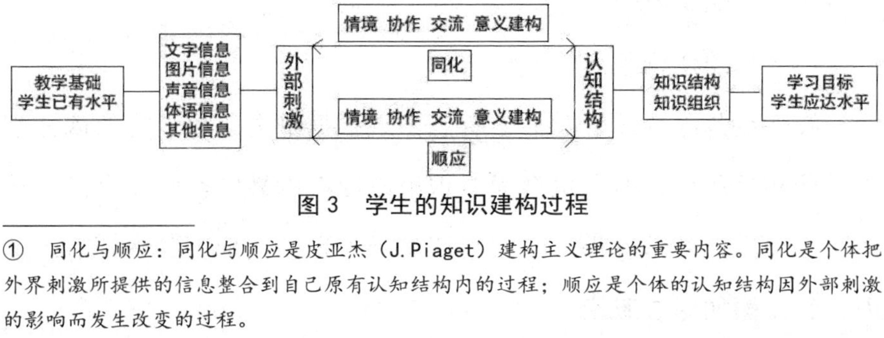

图 3　学生的知识建构过程

① 同化与顺应：同化与顺应是皮亚杰（J. Piaget）建构主义理论的重要内容。同化是个体把外界刺激所提供的信息整合到自己原有认知结构内的过程；顺应是个体的认知结构因外部刺激的影响而发生改变的过程。

比如，在学习“用物质的量进行化学方程式的有关计算”这部分内容时，不少学生常常不能正常顺应或同化，而是依然停留在初中用相对分子质量进行化学方程式有关计算的层面，既不明白用物质的量的计算与用相对分子质量的计算的区别，也不能将用物质的量的计算整合到用相对分子质量的计算的认知结构中，未及时对原有认知结构重组和改造，也就听不懂了。

3. 师生难以同频共振

课堂教学可分为两个方面：一是教师的教，二是学生的学。事实上，教师的教与学生的学并不是孤立的，而是统一的，教和学是互相交织、互相影响的。然而，教的活动主体是教师，而学的活动主体是学生，虽然教师在备课时会充分考虑学情，但是教师与学生必定属于不同的个体，两者在认知水平、知识储备、视野、经历等方面的不同导致两者很难实现“无缝对接”。

显然，课堂教学的最大障碍在于教师的教与学生的学之间存在间隙。从建构主义的观点来看，师生的知识建构并不在同一水平上，两者之间存在或大或小的差异，这是教师的建构不能转变为学生的建构的主要原因。

比如，在离子方程式的书写中，需要拆分成离子的物质必须同时满足两个条件：易溶于水、强电解质。在教师看来，这两个条件容易被学生总结得出，学生也容易理解。但对于学生来说，这两个条件涉及区分难溶解和难电离的物质种类，应用时很容易出错。其根本原因在于，溶解和电离发生在同一过程中，但却是不同的概念。师生对难溶解和难电离的认知更是不在同一“频道”上。

三、学生听不懂化学课的应对策略

建构主义认为，学生是知识意义的主动建构者，教师是教学过程的组织者、指导者、合作者，也是意义建构的帮助者、促进者。教材所提供的知识不再是教师传授的内容，而是学生主动建构意义的对象；媒体也不再是帮助教师传授知识的手段、方法，而是用来创设情境、开展协作学习和对话交流，即作为学生主动学习、协作式探索的认知工具。鉴于此，教师在解决学生听不懂的问题时，可以尝试以下教学策略。

（一）提升课堂趣味性，让学生集中精力参与学习

学习不是简单地由教师把知识传递给学生，而是由学生自己建构的过程。学生不是简单被动地接收信息，而是主动地建构知识的意义，这种建构是无法由他人来代替的。因此，教师要想解决学生听不懂的问题，首先就要引导学生乐意听课，否则听不懂的问题永远无法解决。学生乐意听课了，也就有了解决听不懂问题的动机。

比如，在学习“金属钠与硫酸铜溶液反应”这部分教学内容时，教师可以先抛出问题：金属钠与硫酸铜会发生反应吗？如果反应，你能预测出现象吗？

一般情况下，大多数学生会说“生成了红色的固体”。在学生充分假设及讨论的基础上，教师可以开展演示实验。当学生的已有认知与实验现象产生巨大认知冲突后，学生的学习兴趣就被大大激发了，此时，学生都急切地想知道实验现象背后的原因，自然就会高度集中精力参与学习，因而能连贯、完整地接收教学信息，为听

懂老师的讲解打下坚实的基础。

（二）准确判断学生原有知识经验，确定教学起点

教学不能无视学生的已有知识经验，简单强硬地从外部对学生实施知识的“填灌”，而是应当把学生原有的知识经验作为新知识的生长点，引导学生从原有的知识经验中生长出新的知识经验。学习不是学生被动接收信息刺激，而是主动地建构意义，是根据自己的经验背景，对外部信息进行主动选择、加工和处理，从而获得自己建构的意义。

外部信息本身没有什么意义，意义是学生通过新、旧知识经验间反复的、双向的相互作用过程而建构的。为了避免学生因知识经验不足而听不懂，教师一方面要注意唤醒学生已有的知识经验（如及时复习所用旧知识、多采用学生熟悉的例子等），另一方面要注意通过创设新的情境（如多实验、多展示、多与生产生活联系等），帮助学生产生新的知识经验，以使学生顺利实现新知识的同化或顺应。

比如，在学习“金属钠与水反应”这部分内容时，学生非常容易理解“浮”“红”等现象，因为学生已经具有了“密度比水小的物质会浮在水面上”“酚酞遇碱变红”等知识背景；经过提示之后，学生也很容易理解“熔”这个现象，因为学生也已经获得了“加热到熔点会使物质熔化”等知识。但是，学生不能轻易理解“响”“游”等现象，此时，教师要注意引导学生寻回原有的知识经验，也可以通过开展实验等情境的创设来丰富学生的知识经验，如可以采用“用剪刀剪开充满气的气球的顶端”的方法说明产生“响”“游”现象

的原因，当然也可以采用其他方法说明此问题。

（三）科学衔接新、旧知识，帮助学生理解逻辑关系

教师应通过创设符合教学内容要求的情境，使知识的上升永远处于学生的最近发展区[①]，并为学生提供一定的辅导，如提示新、旧知识之间联系的线索或台阶，帮助学生建构当前所学知识的意义。学习意义的获得是每个学习者以自己原有的知识经验为基础，对新信息重新认识和编码，建构自己的理解的过程。

在这一过程中，学习者原有的知识经验因为新知识经验的进入而发生调整和改变。学习不仅仅是简单的信息积累，更包含新、旧知识经验的冲突，以及由此而引发的认知结构的重组，而新、旧知识经验之间的衔接直接决定了认知结构能否顺利重组。鉴于此，教师必须想办法设置科学合理的衔接新、旧知识的桥梁，以帮助学生顺利过关。

比如，在学习“粗盐的提纯”这部分内容时，不少学生对试剂的加入顺序及实验操作程序等存在很多不理解的地方，教师可以采用设置衔接新、旧知识的桥梁的方法帮助学生顺利过关。具体桥梁如下。

（1）除杂，即将杂质从物质体系中分离出来，那么，一般将杂质转化为哪些类物质可以达到此目的？

（2）除杂的原则是什么？

（3）怎样才能保证杂质被彻底除去？

① 最近发展区：苏联教育家维果茨基提出的儿童教育观点。“最近发展区”的界定为“儿童现有的独立解决问题的水平”和“通过成人或更有经验的同伴的帮助而能达到的潜在的发展水平”之间的区域。

（4）除杂试剂本身也是一种杂质吗？

（5）选择除杂试剂的依据是什么？如硝酸钾中含有少量硫酸钾杂质，应选择何种除杂试剂？

（6）氯化钠中有泥沙杂质，如何除去？请你画出流程图。

（7）氯化钠中有氯化钙杂质，如何除去？请你画出流程图。

（8）氯化钠中有氯化镁和氯化钙杂质，如何除去？请你画出流程图。

（9）氯化钠中有氯化钙和硫酸钠杂质，如何除去？请你画出流程图。

（10）氯化钠中有泥沙、Ca^{2+}、SO_4^{2-}、Mg^{2+}等杂质，如何除去？请你画出流程图。

事实上，前9个桥梁都是为实现最终的教学目标服务的，不仅解决了“粗盐的提纯”问题，而且生动地演绎了除杂的化学概念，层层递进、环环相扣，在回到学生已有知识经验起点的基础上，利用“学生跳一跳就可以够得着的桥梁”，帮助学生顺利获得新知识。

（四）变抽象为形象，引导学生用“形象”理解“抽象”

化学是一门在分子、原子、电子等微观层面研究物质的学科。分子、原子、电子等看不见、摸不着，进一步加强了部分化学概念、理论、规律的抽象性。为此，教师要充分利用学生熟悉的事物、教学工具的设计、信息技术的特效、直观具体的语言来变抽象为形象，引导学生用“形象”理解“抽象”，让学生真正听得懂，从而帮助学生正常顺应或同化新知识。

比如，在学习“物质的量”这节内容时，我们就可以与生活中的类似概念做对比，以帮助学生理解。具体见表 1、表 2。

表 1　物质的量与质量对比（自制）

项目	物质的量	质量
意义	含有一定数目微粒的集体	物体含有物质的多少
单位	摩尔（mol）	千克（kg）
标准	1mol：12g 碳 12 中所含碳原子的数目	1kg：1L 纯水在 4℃时的质量
举例	1molK^+	1kg 苹果

表 2　摩尔与双对比（自制）

项目	摩尔	双
标准	1mol：12g 碳 12 中所含碳原子的数目，约为 6.02×10^{23} 个	1 双：两只
举例	1molK^+：6.02×10^{23} 个 K^+	1 双鞋：两只鞋

学生在生活中经常接触“质量”，教师从意义、单位、标准、举例四方面，将“物质的量”与“质量”类比，引导学生将对“质量”的理解迁移到“物质的量”上，用学生熟悉的事物让学生理解新事物，学生就能听得懂了。

“摩尔”到底是什么？学生很难理解，教师用生活中常见的“双”与之类比，既能帮助学生明白“摩尔”的功能，也能丰富学生对物质的量的理解。当然，教师在类比时要点明“双是宏观物体的数量单位”，而“摩尔是微观粒子的数量单位”。

（五）及时开展合作学习，让新知识在碰撞中建构

为了使意义建构更有效，教师应在可能的条件下组织合作学习，并对合作学习过程进行引导，使之朝着有利于意义建构的方向发展。引导的方法包括：提出适当的问题以引起学生的思考和讨论，在讨

论中设法把问题一步步深化以加深学生对所学内容的理解，要启发引导学生自己去发现规律、自己去纠正和补充错误的或片面的认识。

比如，学生很容易混淆“电解质”与“非电解质”这对概念，教师可以以下面两个题目为材料，发动学生开展协作学习，以破解此难题。

（1）请指出下列物质中的电解质和非电解质。

A．盐酸　稀硫酸　氨水

B．氯化钠晶体　熔融的氯化钠　氯化钠溶液　胆矾

C．氨气　二氧化碳　酒精　氯化氢

D．氯化银　氧化镁　铜

（2）下列说法正确的是（　）。

A．一种物质，不是电解质就是非电解质

B．溶于水能导电的物质都是电解质

C．电解质都能导电

D．难溶于水的物质均不是电解质

E．蒸馏水的导电性很差，所以水不是电解质

经过合作学习，学生已经在与同伴的碰撞中深入理解了电解质的研究对象、导电条件、判别依据等极容易混淆的内容，使认知结构发生新的重组、改造及稳固，这比学生单独学习的效果要好得多。

（六）不断提升教学艺术，减少教师预设障碍

教学是一门艺术，需要丰富的教育智慧做支撑。教师的教学艺术既难以在短时间内提升，也难以始终做到极致。正因如此，教师需要不断提升教学艺术，想方设法将抽象的知识形象化，将晦涩的

知识通俗化，将深奥的知识简单化，将杂乱的知识系统化，给学生提供适宜的将有关信息整合到原有认知结构中或使自身的认知结构发生改变的外部刺激，尽最大可能减少因教师教学水平低而增加学生学习障碍或不能帮助学生降低学习难度的现象。

一方面，教师需要及时反思教学过程，确定哪些教学设计减少了学习障碍,哪些教学设计增加了学习障碍,通过这种常态化的反思，将丰富的教学经验升华为科学的教学智慧，让自己更懂得如何教。

另一方面，教师需要多观课、多研课、多磨课，借鉴、内化同学科教师的教学智慧。他山之石，可以攻玉。教师既要勇于开放自己的课堂，也要智于以开放心态走进同学科教师的课堂，向同学科教师学习，请同学科教师指导，在相互碰撞中不断提升自身教学能力。

四、效果与反思

（一）效果

1. 激发兴趣是前提

教师要提高化学课堂的趣味性，注意激发学习兴趣，让学生乐意参与化学学习，培养的是学生的学习动机，解决的是学生听不懂现象的前提问题。事实表明，学习兴趣浓厚的课堂，学习效果均得到显著提高，听不懂的比例大大降低。

2. 了解学情是基础

教师要通过了解学生已有的知识、经验、知识背景等来确定教学起点，教师要时刻注意以学定教，让教学语言、教学方法、教学目标等不脱离学生实际。实践表明，依据课堂前测、考题得分率、作业错题统计等分析结果来开展教学活动，更有针对性，能让听懂的学生更多。

3. 教学智慧是核心

衔接新、旧知识，加强直观教学，开展合作探究学习，不断提高教学的艺术性等教学策略，其实质都指向教师的教学智慧。在课堂有趣味性、确定教学起点后，学生能否听得懂，就看教师如何设计教学过程、如何呈现教学内容以帮助学生拾级而上、自主建构了。正因如此，那些颇具教学智慧的课堂，总给人水到渠成之感，学生在教师的引导下，自然而然就听懂了。

（二）反思

关注全体学生是课堂教学的应有之意，那些听不懂课的学生亦是教师需要关注的对象——这既是敬畏师生伦理关系的必然需求，也是教师持续挖掘学科育人价值的重要使命。通过持续深入的师生、生生、生本对话，让学生听懂课，是提升课堂教学质量的基本要求。学生听懂课，以用趣味性吸引学生为前提，以全面精准了解学情为基础，以提供给学生精准的学习支持为保障，以想方设法帮助学生自主建构为目标。若能做好以上工作，学生就会乐学、能学、会学、真学，自然就能听得懂、学得会。

虽然造成学生上课听不懂的原因有多种，但是教师如果能够树立强烈的“学生立场”意识，通过更丰富的师生、生生、生本对话，时时、处处想着这些听不懂课的学生，创设丰富多彩的情境帮助学生打通同化和顺应的关键障碍，使教师的建构无限接近于学生的建构，就能够让更多的学生听得懂、学得会，为培育和提升学生化学学科核心素养奠定扎实基础。同时，教师可以习得丰富的因材施教、以学定教的教学智慧，实现基于提升教育教学实际质量的专业成长。

第七篇 对话教学与教材阅读

摘要： 作为师生最为常用和最为熟悉的学习资源，教材为设计学习活动提供了基本线索，是确定学习内容和制定学习目标的重要依据。深化师生与教材的“对话”，不仅能让师生准确理解编写教材的意图，更能让师生充分体验知识生成的过程，将教材从静态的学习材料升华为富含深层思维的动态资源，从而充分发挥教材的导向功能。

关键词： 对话教学；教材；学习资源

教材是师生最为常用、最为熟悉的学习资源，为设计学习活动提供了基本线索，是确定学习内容和制定学习目标的重要依据。鉴于此，教师既要善于与教材“对话”，也要善于引导学生与教材“对话”，将教材从静态的学习材料升华为富含深层思维的动态资源，充分挖掘教材的导向功能。

但凡青年教师参加优质课比赛，学科教研组的全体老师均会热情地给予帮助，笔者也受到了这种厚待。然而，笔者却有负众望，仅仅取得了市级二等奖。笔者在比赛结束后，细细回顾准备这次优质课比赛的过程并深刻反思，发现之所以取得这样的成绩，除了和笔者自身的基本教学素养有关，还和对教材上一个栏目的处理有莫大关系。

一、提出问题

笔者试教的课题是“羧酸的性质和应用”①。从新课标高中化学模块的设置情况来看，《化学 2（必修）》已经对乙酸作了初步介绍，学生对乙酸的性质已有一定程度的了解，而本课题正是在此基础上，引导学生以乙酸为代表物，系统学习羧酸类物质的分类、性质和应用，并认识甲酸的特殊结构及特殊性质。基于这样的认识，教研组全体教师很快就对基本的教学思路达成了共识，但是在讨论如何处理教材第 83 页的“交流与讨论”栏目的第 3 个问题时，学生出现了两种截然不同的观点。

该问题是：乙酸与乙醇发生的酯化反应是可逆反应，请根据化学平衡移动原理设计增大乙酸乙酯产率的方法。

一方认为，这个问题不能舍弃，原因有三。

首先，该问题是被设置在“交流与讨论”栏目中的，根据以往的教学经验来看，设置在“交流与讨论”栏目中的问题均是比较重要的问题，如此“交流与讨论”栏目所包含的前两个问题就比较重要——第 1 个问题是引导学生回顾乙酸的性质和应用，第 2 个问题

① 王祖浩．有机化学基础（选修）[M]．南京：江苏教育出版社，2008:82-85.

是启发学生分析酯化反应和酯的水解反应中化学键变化的情况，这两个问题所涉及的知识点均是学科教学指导意见所要求的重点。而单从第 3 个问题所涉及的知识点来看，它包含乙酸乙酯的制备实验和化学平衡移动原理的应用两大知识点，从整个高中化学学科知识来看，这两个知识点也均是重点。

其次，为了帮助学生更好地解决这个问题，教材在第 83 页同时用“信息提示”栏目的形式呈现了化学平衡状态和化学平衡移动原理的相关知识。教材用两个栏目呈现这个知识点，重复展现的目的就是想强调其重要性。也就是说，教师必须处理这个问题，否则授课教师会被评委评价为“不仔细研读教材”或者“随意处理教材”。

最后，对于该校（优质课比赛承办学校）的学生来说，其基础较好，虽然这个问题的处理存在很多困难，但是在教师的引导下，学生是可以顺利解决这个问题的。

另一方认为，这个问题必须舍弃，原因也有三。

首先，本课题的主题应是“羧酸的性质和应用”，第 3 个问题所涉及的乙酸乙酯的制备实验和化学平衡移动原理的应用两大知识点均和主题相去甚远。本课题的教学思路是在回顾乙酸的性质和应用的基础上系统归纳羧酸的性质和应用并进行适当拓展，把第 3 个问题放在整个教学程序上来看，显得非常突兀，对本课题后续知识的学习毫无意义。

其次，授课的原则之一是有效，也就是说，如果要处理第 3 个问题，那么，就必须让学生因此而受益。但是，学生还未学习化学平衡移动原理的应用这块知识（在浙江省，化学反应原理是在有机化学基础之后开设的），而这块知识本身就是一个难点，虽然该校的学生基础较好，但学生在短时间内也很难将该知识学好。如果教师花费大量时间介绍这一知识，不仅会背离主题，而且会严重占用授课时间，使应有教学任务难以完成；如果教师只是蜻蜓点水般提一提这个问题，那么学生不仅弄不明白相关知识，相反还会觉得一头雾水，这消耗了学生有限的精力，打击了学生的学习积极性，不利于后续学习的开展，与其这样，还不如不讲。

最后，教师使用教材的原则是“用教材教，而不是教教材”。教师在授课时，必须站在学科知识体系的高度灵活使用教材，而不能“教材怎么设计，我们就怎么教”。倘若站在学科知识体系的高度来看，化学平衡移动原理属于化学平衡理论，在化学反应原理中占有重要地位，学生在学习化学反应原理时才能系统透彻地学习这块知识，而设计增大乙酸乙酯产率的方法这块知识完全可以在学习完“化学平衡移动原理”后再加以探索，这样做还可以在一定程度上提高学生运用知识的能力。

二、实施过程

两方争论不休，笔者也因此倍感迷惑：编写教材的均是学科专家，既然他们这样编写了，那么必定有这样编写的道理，怎么可以轻易舍弃？于是笔者就此问题请教外校一位中学化学高级教师，该教师说最好还是处理吧。此时，笔者内心的天平已倾向于不舍弃。在经过三次试教调整之后，教研组决定不舍弃第 3 个问题，但是笔者在授课时明显感到此问题的处理过程很不顺畅。

正式比赛时，笔者按照既定上课思路授课，在处理第 3 个问题之前（此时上课时间约为 16 分钟），教学过程达到了理想水平，而第 3 个问题的处理成了本节课的转折点。笔者使用以下处理方式。

在处理完第 2 个问题后，笔者要求学生自主思考第 3 个问题并提醒学生注意“信息提示”栏目；自主思考之后小组成员之间可以相互交流讨论，然后请小组代表汇报成果，最后师生共同评价。

笔者注意到一个细节：在刚开始提到“化学平衡移动原理”时，市教研员及其他两位评委便开始低声交流。显然，这个问题的处理也引起了他们的思考。

在处理这个问题的过程中，学生对“化学平衡移动原理”的理解漏洞百出，提出的方法也是五花八门并且很少有靠边的——此时，学生的神情显得很茫然，而笔者也很着急。匆忙之中，笔者充分发挥自己的“主导作用”，将相关方法直接告知学生并进入下一个教学环节。从笔者的计时情况来看，此过程大约占用 7 分钟（预计时间为 4 分钟）的时间，致使最终的课堂小结环节在下课铃声中进行。然而，这还算小事，最严重的是，学生没有获得成功的体验，笔者的心情也在一定程度上受到影响，致使后面的教学效果比前 16 分钟差了很多。

因为按照规定，在比赛结果出来之前，参赛教师不能和评委打招呼，所以，当时上完课后笔者也未能和评委交流。之后笔者请教其他几位比较有经验的教师，他们的观点和上述观点大同小异，但其中一位教师提到，可以改变处理问题的方式：把第 3 个问题作为“选修”内容，让学有余力的学生课下探究，不宜在课堂上直接面向全体学生。这样的处理方式，笔者认为应该是所知道的方法中最适宜的。然而，笔者还是感到诧异：难道编者如此“浓墨重彩”地设置第 3 个问题，仅仅就是为了这样吗？

三、教学反思

自从使用新课标教材以来，笔者在授课过程中曾多次遇到类似问题，有时会对教材的设置感到茫然，此时一个疑问便会萦绕于脑海中：教材为什么这样编写？

教师阅读教材、使用教材的过程实际就是和编者对话的过程，然而这种对话有时却难以进行，因为教师不能准确把握编者的意图。显然，编者在编写教材时不可能是随意的，一定蕴含某些意义，那么如何发掘教材的意义便成为横亘在一线教师面前的难题。

时下，关于如何使用教材，普遍的观点是“用教材教，而不是教教材”“不唯教材马首是瞻，教材是工具，不是圣旨”和“活用教材”，这些说法不无道理。然而，笔者认为，一线教师这种“自主而又自由”的处理方式颇显“随意”：“随意”缩减、扩充教学内容；“随意”改变教材内容的编写顺序；“随意”使用教材栏目，而不去深究编者的用意，这虽然不会对学科知识的教学产生过多影响，但是对教材的改进毫无意义。各种版本的实验教材虽然几经修改，但毕竟均是“新生事物”，既然是“新生事物”，就需要在实践中不断完善，这不仅有利于教师的教，而且有利于学生的学。这种愿望能否实现，取决于教师与编者之间能否实现良好的互动。

第八篇 对话教学与教学内容

摘要：对话教学致力于解决核心问题，要求精准确立课堂教学内容。以“硫和氮的氧化物”的教学为例，探讨教师摆脱被习题、日常考试、经验、陈旧理念及学生捆绑的途径及方法，从而实现对教学内容的“瘦身”，让教学时间变得更加宽松，让师生均在更自由、更广阔的环境中获得更轻松、更从容的发展。

关键词：对话教学；硫和氮的氧化物；课程标准；教学内容

根据《普通高中化学课程标准（实验）》（以下简称《课程标准》）的说明，高中化学课程由若干模块构成，每个模块的教学只需要 36 学时。事实上，除去节假日、运动会、考试等，每学期的纯教学周至少有 15 周，按每周最少 3 学时计算，一学期的化学教学学时至少有 45 学时，而绝大多数学校每学期只安排一个模块的教学内容。即便在这种学时至少超过计划一半的情况下，多数化学教师依然感觉教学时间紧张。显然，教学时间之所以紧张，就是因为要讲的内容太多了。

对话教学致力于解决核心问题。所谓核心问题，必然是源自核心教学内容、直指课程标准关键条目的问题。正因如此，准确把握教学内容成为对话教学必须研究的课题。下面笔者就以“硫和氮的氧化物”（人教版）为例，来探讨对话教学视域下为教学内容“瘦身”的途径及方法。

一、教师要摆脱习题的捆绑

以笔者所用某种教辅资料为例，其中有一道这样的题目：

某实验小组将 SO_2 和 Cl_2 按体积比为 1∶1 的比例混合后，再通入品红溶液，通气一段时间后，品红溶液几乎不褪色，请解释品红溶液不褪色的原因。

显然，要想解决这个问题，学生不仅要知道 SO_2 和 Cl_2 可以在水溶液中发生反应，而且要会书写相应的化学方程式，因为只有这样，学生才能明白“1∶1”的含义及品红溶液不褪色的原因。

通观教科书，教材只简要介绍了“硫与氧气反应生成二氧化硫”“二氧化硫的物理性质”“二氧化硫与水的反应”“二氧化硫在催化剂和加热的条件下生成三氧化硫”及“二氧化硫的漂白性”等内容。在配套的《化学 1（必修）教师教学用书》中，编者特别强调“教学中不要提高要求，避免增加学生的负担”[①]。

如果教师担心学生做不了题目而去着重补充 SO_2 和 Cl_2 在水溶

① 化学课程教材研究开发中心．化学 1（必修）教师教学用书 [M]．北京：人民教育出版社，2007:65-66.

液中反应的知识，那么教师就被习题捆绑了。在很多情况下，教师都被习题捆绑了，因为习题中出现了某个知识点。此时，课堂教学以习题为“指挥棒”，习题中出现多少知识点，教学内容就包含多少知识点。问题正在于此，习题包含的知识点一般都比教材包含的知识点多且难。学习更多、更难的知识点，当然需要更多的学时了。如果学时还是那么多，那么课堂时间当然就显得紧张了。

教师之所以被习题捆绑，是因为把习题内容当成了教学内容。这类教师即便把《课程标准》吃透了，有时也不敢依照《课程标准》授课。

从笔者所了解的情况来看，不少一线教师都曾被或正被习题捆绑。教师要想摆脱习题的捆绑，就要树立一种意识——要用教学内容来选择习题，而不是根据习题确定教学内容，因为习题是为教学内容服务的。现在的习题资料种类繁多，但也良莠不齐。在对待习题资料时，教师有必要根据《课程标准》的要求，精选一些符合教学内容要求的习题，并大胆删除那些不符合《课程标准》的习题，这样才能不被习题牵着鼻子走。

二、教师要摆脱日常考试的捆绑

虽然分数不能说明一切，但是还没有哪位教师希望自己所教班级的考试平均分低于或远远低于其他同行所教班级的考试平均分。很多教师坚信，考试平均分低的原因有很多种，其中之一就是“在考试中考到了某知识点，但是在课堂上没有讲过”。一旦出现这种状况，教师就会为自己的“少讲”行为付出沉重代价，因为“所教学生都没有学过该知识点，都考不好”。正因为此，很多教师担心在课堂上没有介绍考试的全部知识点而导致学生的考试分数很低。一旦有了这种想法，多数教师就会“广撒网”，遇到一个知识点，就讲一个知识点，不管这个知识点属不属于课标要求，也不管这个知识点是不是增加了学生的压力，觉得“讲了总比没讲好，以防命题老师一不小心就考到了”。教师一旦多讲，肯定就需要更多的学时。如果学时还是那么多，那么课堂时间就显得紧张了。

在进行集体备课时，笔者所在备课组的教师就因为要不要讲“二氧化硫与硫化氢的反应”这个知识点而进行了争辩：有的教师说，教学既然已经涉及通过分析化合价来介绍二氧化硫的氧化性和还原性的内容，那么，就不如把二氧化硫与硫化氢的反应作重点介绍，以防考试考到；而有的教师认为，教学的着眼点应在于引导学生通过分析硫元素的化合价来认识二氧化硫具有氧化性，并通过二氧化硫与硫化氢的反应这个实例，让学生知道二氧化硫的氧化性，只需要让学生“知道”，根本不需要“重点介绍”——这两种不同的处理方式占用课堂时间的多少显然也不一样，前者需要更多的课堂时间。

教师之所以被日常考试捆绑，是因为教师把假想中的考试内容当成了教学内容。这类教师和被习题捆绑的教师相似。

从目前的情况来看，考试分数成了评价教师的主要依据之一。教师要摆脱考试的捆绑，一方面要树立长远眼光——学生要参加的最主要的考试是学业水平考试和高考，对于这两类考试试题来说，其考查知识点一般都会在《课程标准》规定之内；另一方面，学校备课组及学科组要形成严格按照《课程标准》命制试题的命题文化，以保证执行《课程标准》授课的教师的执行有效，当然这也是考试科学、公平、公正的重要体现。

三、教师要摆脱经验的捆绑

在讨论“二氧化氮与水的反应”这个知识点时，笔者所在备课组的多数教师赞同介绍下面这两个化学方程式及相关计算内容。

$$4NO_2+O_2+2H_2O = 4HNO_3$$

$$4NO+3O_2+2H_2O = 4HNO_3$$

因为根据“经验”，这一块内容常用来出计算题，以往的考试也经常涉及这一内容。根据笔者的教学实践，教师如果在课堂上介绍这一内容，那么可能需要约 20 分钟的时间，这样无形中就多占用半个学时。

事实上，新课改以来，三种实验教材均对老教材的内容进行了删减和增添。教师如果不能清晰辨别老教材所包含的内容和新教材所包含的内容，那么极有可能“稀里糊涂”且一股脑地将所有内容都当成教学内容，这样教学内容必定会增加很多，教师也必定需要更多学时，否则会备感教学时间紧张。

教师之所以被教学经验捆绑，就是因为把删去的教学内容当成了应讲的教学内容。这类教师缺乏对课程标准的深入研究，或者说依据课程标准开展教学的意识比较淡薄。

教师要想摆脱经验的捆绑，一要深究《课程标准》，二要钻研教材，须知“今天和昨天已不同”，明确“今天的课堂要讲什么”，从而摆脱经验的束缚，走出“用昨天指导今天”的误区。

四、教师要摆脱陈旧理念的捆绑

在讨论“二氧化硫与二氧化氮对大气的污染”这部分教学内容的处理时，笔者所在备课组的教师主要提供了两种处理思路，一种是在课堂上用丰富的图片、翔实的数据等信息，唤起学生对二氧化硫与二氧化氮污染及危害的关注，并在此基础上，引导学生讨论防治二氧化硫与二氧化氮污染及危害的方法。持有这种教学思路的教师认为，“教师讲的效果总比学生自学的效果要好得多，况且一些学生课下可能不会自觉学习”。另一种是给学生布置一项探究性课后作业，写一篇题为《二氧化硫与二氧化氮的危害及防治的研究》的小论文，并及时提供给学生展示作品的平台。持有这种教学思路的教师相信，“学生可以通过书籍、网络及生产生活收集更丰富的信息，学生应该通过类似的活动培养学习化学的兴趣以及体验学习的成功”。

新课改虽然已经进行很多年了，但是不少教师依然不能很好地践行新课程理念，这些教师依然迷信“教师要多讲”的传统教学方法，不敢或者不愿意放手让学生自学。教师对知识点的包办越多，课堂时间就越紧张。

教师之所以被陈旧理念捆绑，是因为把本该属于学生自学或者学生在课下探索的内容当成了需要在课堂上反复讲解的教学内容，且忽视了对学生能力、情感等的培养。

教师要想摆脱陈旧理念的捆绑，就要持之以恒地明晰并践行新课程理念，因为“除去杂草的最好办法是种上庄稼”。这句话说起来容易做起来难，但是教师必须摆脱陈旧理念的捆绑，才能让自己、让学生走上更好的发展道路。需要说明的是，在新课改不断深入的今天，每一位一线教师都是新课改的实践者，除了要研究现有新课程理念，还可以将自己的教学体悟升华为新课程理念，力争早日实现“教师轻松教，乐意教，教学艺术越来越高；学生轻松学，高兴学，学习效果越来越好”的目标。

五、教师要摆脱学生的捆绑

在教学“二氧化硫作为酸性氧化物所具有的化学性质”这部分内容时，笔者在引导学生回忆酸性氧化物所具有的通性之后，请学生分别书写二氧化硫与水反应、二氧化硫与氢氧化钙反应、二氧化硫与氧化钙反应等三个化学方程式。从结果来看，将亚硫酸及亚硫酸盐写成硫酸及硫酸盐的学生数量占了全体学生数量的三分之一。为此，笔者不得不“大讲特讲”上述三个化学方程式。笔者想，如果学生的知识储备丰富一些，那么，此部分内容基本可以一带而过，因为之前学生已经学习了酸性氧化物的通性，完全可以举一反三。显然，“大讲特讲”需要更多的课堂时间，而一带而过将节省不少课堂时间。

当然，学生的知识储备太丰富，也可能会给教师带来幸福的烦恼，因为讲浅了，大多数学生“吃不饱”，而教师一旦往深里讲，就又要占用不少课堂时间。当然，面对知识储备较丰富的学生，教师自由支配的空间会更大。

很长时间以来，以学定教理念得到了越来越多教师的认可。学生已有的知识储备是教师进行教学的起点，而学生已有的知识储备的差异导致了教学起点的差异。教学起点不一样，又幻想达到相同的终点，那么教学所需课堂时间的长短当然就不一样了——对于知识储备较少的学生来说，他们需要更详细的教学，需要更多课堂时间的涵养，包括解惑释疑、巩固练习、综合应用等；对于知识储备较丰富的学生来说，他们需要更精简的教学，往往只需教师在课堂上启发、点拨，就可以独立完成后续学习，如此一来课堂时间就变得充裕了。

教师之所以被学生捆绑，是因为无法绕开教学的起点—— 学情，是把学生学过没学懂、没学好的内容当成“新”的教学内容，是把学生学了也可能学不懂、学不好的内容当成了需要更加“精雕细琢”的教学内容。

毋庸置疑，教师很难摆脱学生的捆绑，因为学生是教学的主体。这样说，并不意味着教师只能“束手就擒”——教师可以根据学生的情况，适当地往深讲或往浅讲，因为并不是每一个学生都可以考北大、清华；教师也可以通过探索教学方法，力争采用更适合学生学习的教学方法，以求学生掌握最基础的内容……教师改变不了学生，但可以改变自己。

总之，教师要想为教学内容“瘦身”，就必须以《课程标准》为准绳——《课程标准》规定要介绍的内容，必须介绍，其余的可以不介绍或少介绍；以学生已有的知识储备为基础——通过搭建平台和创新教学方式，在完成介绍那些《课程标准》规定要介绍的教学内容的基础上，多关注那些学生“跳一跳就可以够得着”的教学内容，在为教学内容“瘦身”的基础上，让课堂不再成为“高速公路”，让师生都变得轻松、从容些。从对话教学的视角来看，教学内容一定是具有挑战性的，这样的教学内容才值得对话。

第九篇 对话教学与教学程度

摘要： 对话教学致力于通过核心问题解决突出教学重点和突破教学难点，需要教师根据《课程标准》的主导作用、教材栏目的提示作用、高考试题的引领作用来准确把握教学广度和教学深度，为课堂教学设定合理的对话边界。

关键词： 对话教学；《课程标准》；教学程度；同分异构体

对话教学致力于通过核心问题解决突出教学重点和突破教学难点，这就涉及准确把握教学广度和教学深度的问题。课程改革对每位教育工作者来说都是全新的，特别是新教材，不仅设置了一些崭新的栏目，而且增添了许多大学课本中的内容，给一线教师的教学带来许多困难、困惑，钻研新教材和梳理新知识，是摆在每一位教师面前的首要任务。然而，教师依据何种标准来把握新教材的教学深度和广度呢？这里教师需要理解三种作用：《课程标准》的主导作用、教材栏目的提示作用、高考试题的引领作用。下面就以《有机化学基础》中“同分异构体”[①]的教学为例，来探讨新课程标准改革下中学化学的教学深度和广度。

一、课程标准的主导作用

（一）课程标准对“同分异构体”的要求

通过典型实例的分析，了解有机化合物存在同分异构体的原因，能判断简单有机化合物的同分异构体。

（二）对课程标准的解读

同分异构现象和同分异构体的概念在《化学 2（必修）》的专题 1《微观结构与物质的多样性》[②]中已作简单介绍，教材是以“活动与探究”栏目的形式，让学生亲自动手拼插C_4H_{10}的分子结构模型，在此基础上提出同分异构体的概念；然后以“观察与思考”栏目的形式，让学生观察乙醇和二甲醚的球棍模型并分析两者间的差异，新课标对此仅要求学生“举例说明有机化合物的同分异构现象”。通过对教材的内容设置以及新课标的分析，可以看出，学生只需要知道同分异构现象的存在，不需要思考产生同分异构现象的原因和掌握书写同分异构体的规则，这是初步的要求。但这里也暗含了一个非常重要的信息：碳链异构和官能团异构，为《有机化学基础》的学习奠定了感性的基础。

而在《有机化学基础》的课标中不仅要求学生了解同分异构现象存在的原因，而且要求学生能够判断简单有机物的同分异构体。

① 王祖浩．有机化学基础（选修）[M]．南京：江苏凤凰教育出版社，2014:24-28.

② 王祖浩．化学 2（必修）[M]．南京：江苏教育出版社，2007:1-28.

这里包含三方面的意思：首先，学生应该知道产生同分异构现象的本质原因，即知道同分异构现象的四种类型；其次，了解简单有机物的范围有多大？最后，能用结构式、结构简式、键线式书写简单有机物的同分异构体。根据对课标的解读，在授课时，教师首先应引导学生探讨同分异构现象存在的原因，并在此基础上引出同分异构现象的四种类型——碳链异构、官能团异构、位置异构和立体异构，然后重点介绍碳链异构、官能团异构、位置异构的书写步骤及规则。

二、教材栏目的提示作用

（一）教材的栏目设置

《有机化学基础》在介绍“同分异构体”这部分内容时总共设置了 5 个栏目，其设置的意图及涉及的内容如下。

1. 栏目：活动与探究

意图：引领学生积极投身实践活动，在“做中学”的自主探究中享受发现的乐趣。

内容：搭建 C_2H_6、C_3H_8、C_4H_{10}、C_5H_{12}、C_4H_8 的球棍模型，并思考产生同分异构现象的本质原因。

2. 栏目：交流与讨论

意图：设置一系列问题情境，引导学生展开讨论，为充分体现学生的聪明才智和想象力提供机会。

内容：展示 C_4H_8 的顺反异构和乳酸的对应异构图示，并让学生思考它们是不是同分异构体。

3. 栏目：信息提示

意图：以简洁的语言介绍化学的核心概念、基本原理、物质性质和技能方法等。

内容：碳碳双键的特点——不能旋转。

4. 栏目：拓展视野

意图：提供更多、更丰富的素材，使学生在完成必要的学习任务之余开阔视野，进一步领略化学的奇妙和魅力。

内容：立体异构与生命活动。

5. 栏目：练习与实践

意图：帮助学生巩固知识，应用知识解决某些问题。

内容：判断 C_3H_7Cl、C_3H_8、CH_2Cl_2、C_2H_6O 等是否存在同分异构体，书写 C_6H_{14} 的所有同分异构体的结构简式和键线式。

（二）教材栏目的提示

根据教材栏目的设置，可以得出以下结论：

（1）学生应该知道产生同分异构现象的各种原因；

（2）简单的有机化合物包含碳原子个数小于 7 的链状烷烃、碳原子个数小于 5 的烯烃、碳原子个数小于 5 的环烷烃、碳原子个数小于 5 的炔烃、碳原子个数小于 5 的饱和一元卤代烃、碳原子个数小于 3 的饱和一元醇；

（3）能用结构式、结构简式、键线式书写简单有机物的所有同分异构体；

（4）会判断立体异构，不要求寻找或书写。

三、高考试题的引领作用

（一）2007年部分高考化学题目

（1）（2007年海南高考化学试卷）分子式为C_5H_{10}的烯烃共有（要考虑顺反异构体）（　）。

A. 5种　　B. 6种　　C. 7种　　D. 8种

（2）（根据2007年高考理综宁夏卷改编）C_5H_{12}的同分异构体数目是（　）。

A. 3种　　B. 4种　　C. 5种　　D. 6种

（二）高考试题的引领作用

纵观山东、海南、宁夏、广东4个首批课改区的试题，其中山东、广东、宁夏有关同分异构体的题目和以往的试题类型、难度相比变化不大，但是海南高考化学卷上首次出现了顺反异构，并且烃中含有5个碳原子。可以看出，有关同分异构体的教学广度应该拓展，深度应该挖掘。

四、“同分异构体”教学的深度和广度分析

首先，学生应知道同分异构现象产生的原因，即原子之间的连接顺序、成键方式、空间位置等不同而引起的结构不一样。另外，学生应该理解同分异构现象的存在是有机化合物数量庞大的一个原因。

其次，同分异构体的四种类型都要介绍，各种异构产生的原因要重点突出，即什么是碳链异构？什么是位置异构？什么是官能团异构？什么是立体异构？因为对概念的充分理解能为寻找各种异构

体打下坚实的理论基础。其中，碳链异构的研究对象是链状烷烃，其中碳原子个数是 6 和 6 以下，特别是 C_5H_{12}、C_4H_{10}，要求学生熟练地利用结构简式、键线式书写它们的同分异构体，并能自主总结出寻找碳链异构的规律。位置异构的研究对象主要是饱和一元卤代烃、链状单烯烃和饱和一元醇，其中碳原子个数是 4 和 4 以下，特别是 C_4H_9—Cl、C_4H_8、C_4H_9—OH，要求学生熟练地利用结构简式、键线式书写它们的同分异构体，并能自主总结出寻找位置异构的规律。对于官能团异构，学生首先应该知道哪些类物质互为官能团异构，需要重点研究的是饱和的醇和醚、羧酸和酯、单烯烃和环烷烃、醛和酮，其中特别是饱和的醇和醚、单烯烃和环烷烃，要求学生书写出碳原子个数是 4 和 4 以下的所有同分异构体。对于立体异构，属于课改中新增添的内容，高考中已经出现了，并且从教材的设置来看，学生应该会判断顺反异构和对映异构，不要求书写对映异构，但要会寻找顺反异构，所以在实际教学时，教师应该介绍双键不能旋转的特性以及手性碳原子的概念，并要求学生学会判断顺反异构、手性碳原子、手性分子。

五、教学深度和广度的研究原则

首先，新课改难就难在一个“新”字上，既然是新的，不管是刚走上讲台的新教师，还是有多年教学经验的老教师，在新课改面前都应该有“从零开始”的意识，特别是在教学的深、广度问题上。比如，对于“同分异构体”的教学，教师千万不能凭借传统教学经验对立体异构置之不理。

其次，教师要很好地理解上述三种作用，其中课程标准和高考是确定教学深、广度的主要依据，这就要求教师勤于研究课程标准、善于把握高考动向。

最后，在确定教学的深、广度之后，千万不可一步到位。依据青少年的认知发展规律，授课时一定要遵循由简到繁、由易到难的循序渐进的原则。

课程改革的直接实践者是广大一线教师，而教材是实施课改的直接素材，对教材深、广度的研究有利于教师提升课堂教学效率。对话教学致力于通过核心问题解决突出教学重点和突破教学难点，需要教师根据课程标准的主导作用、教材栏目的提示作用、高考试题的引领作用来准确把握教学广度和教学深度，从而为课堂教学设定合理的对话边界。

第十篇　对话教学与实验探究

摘要：对话教学通过学习情境生成核心问题，并根据核心问题设计学习任务。实验探究是学习化学的重要方法，能强化学生的科学探究与创新意识，提升学生的证据推理水平，培育学生的科学精神，是中学化学对话教学设计学习任务的重要形式。对比“分子间间隔影响因素”的验证实验和探究实验，可清晰呈现验证实验和探究实验的区别，并展示设计探究实验的一般程序，教师可通过理念转化、目标转化、过程转化等途径，将更多验证实验转化为探究实验。

关键词：对话教学；实验探究；验证实验；探究实验

对话教学通过学习情境生成核心问题，并根据核心问题设计学习任务。化学作为一门实验学科，实验探究是学习化学的重要方法，也是化学学科需要重点培育的素养，能强化学生的科学探究与创新意识，提升学生的证据推理水平，培育学生的科学精神。正因如此，实验探究是中学化学对话教学设计学习任务的重要形式，中学化学教师需要根据核心问题设计更多实验探究形式的学习任务，以促使学生用化学的方法学习化学，养成化学学科观念及学科思维方式。“分子间间隔影响因素”的内容源自《九年级化学》（人教版）上册第三单元课题2《分子和原子》。教材在呈现此部分内容时，仅以文字形式介绍。多数教师在授课时，一般会采用验证实验的形式描述分子间有间隔的事实及验证影响分子间间隔的相关因素，而忽略了通过探究实验发展学生的科学探究与创新意识素养，错失了在化学学习初期培育学生科学探究与创新意识素养的契机。

一、验证实验的功能缺失

在学习“分子间间隔影响因素”这部分内容时，教师一般会安排三个验证实验。

验证实验1：用注射器吸满空气后，将前端小孔紧贴手心，按压活塞；用另一支注射器（规格相同）吸满自来水，将前端小孔紧贴手心，按压活塞。请描述实验现象并交流。

验证实验2：用注射器吸满空气后，将前端小孔紧贴手心，按压活塞，然后松开。请描述实验现象并交流。

验证实验3：用注射器吸空气至一半刻度，将前端小孔塞紧橡皮塞，并将注射器前端没入热水，使活塞处于自由状态。请描述实验现象并交流。

开展上述三个实验，从知识层面来说，学生可以了解到状态、压强、温度等因素对分子间间隔的影响。但是，学生未能在提出问题的基础上，经历从问题和假设出发、确定探究目的、设计探究方案、进行实验探究、在探究中学会合作、面对“异常”现象敢于提出自己的见解等过程。这样验证实验，自然缺失了培育学生的实验探究和创新意识素养的功能。

二、探究实验的内容设计

在学习“分子间间隔影响因素”这部分内容时，可以设计如下探究实验。

探究主题：影响分子间间隔的因素。

发现问题：__________。

作出猜想：影响分子间间隔的因素有______、_____、_____，它们对分子间间隔的影响分别是____________、____________、_________。

仪器与试剂：注射器、烧杯、自来水、热水、空气等。

设计实验：请设计实验方案并按要求进行实验（见表3）：

表3　分子间间隔影响因素实验记录表

实验步骤	实验现象	解释与结论

实验结论：____。

反思评价：你认为某小组的实验方案是否严谨，理由是______

____。

采用以上形式，学生就可以经历完整的实验探究历程，不仅要提出问题、作出猜想，还要设计实验解决问题、检验猜想，同时要对实验过程进行评价和反思，从而逐步提升学生的实验探究和创新意识素养。此外，探究实验是学生学习化学的重要途径，以探究实验形式开展教学，也是引导学生学会学习化学的必然要求。

三、探究实验的转化路径

一般情况下，验证实验重在验证性，相对关注结果，实验操作已经给定；探究实验重在探究性，相对关注过程，实验操作需要设计。将验证实验转化为探究实验，理念层面需由验证走向探究，目标层面需由结果走向过程，操作过程层面需由给定走向设计。

（一）理念转化：由验证走向探究

化学是一门实验学科，化学实验既是学习内容，也是学习方法。

从学习内容角度来看，有关化学实验的仪器、试剂、操作、现象、结论等是学习重点，主要停留在识记（回忆、识别、陈述等）、领会（说明、描述、区别等）层面，没有达到应用（操作、解释、实践等）、分析（推测、比较、列表等）、综合（设计、组合、开发等）、评价（鉴定、预测、证明等）层面。

从学习方法角度来看，有关化学实验的问题、猜想、设计、分析、评价等是学习重点，不仅需要以上述学习内容为基础，更要进一步到达应用（操作、解释、实践等）、分析（推测、比较、列表等）、综合（设计、组合、开发等）、评价（鉴定、预测、证明等）层面。

显然，验证实验指向的是学习内容，探究实验指向的是学习方法，不仅可以帮助学生识记、领会基本化学知识，而且给学生提供应用、分析、综合、评价的平台，使学生从浅表学习走向深度学习，既让学生学会，又让学生会学，扎实培育学生的科学探究与创新意识素养。因此，由验证实验走向探究实验的理念转化既是深度学习使然，也是培育学生化学核心素养的必然要求。

（二）目标转化：由结果走向过程

所谓结果，主要是指某个知识结论，如“温度越高，气体分子间间隔越大”；所谓过程，主要是指知识生成的过程，如“学生如何像过去的化学家那样生成‘温度越高，气体分子间间隔越大’的认识”。前者，学生只需要在教师的既定安排下完成某些实验即可，是接受知识；后者，学生需要在教师的引导下完成提出问题、作出猜想、寻找证据、分析反思等探究性工作，是发现知识。

由关注结果的验证实验走向关注过程的探究实验，教师的思维方式需由“教师交给学生知识”转化为“学生如何发现知识”。也就是说，尤其是核心知识的学习，教师必须注重知识生成的过程，即引导学生通过探究实验模拟化学家发现知识的过程。如此，学生才能在从问题和假设出发、确定探究目的、设计探究方案、进行实验探究的过程中建立观点、结论和证据之间的逻辑关系，才能通过分析、推理等方法认识研究对象的本质特征、构成要素及其相互关系，才能“不仅知其然，而且知其所以然”。

（三）操作过程转化：由给定走向设计

教师给定化学实验内容，学生只要按照流程来做，就能直奔实验结果，省略了提出问题、作出猜想、设计实验等关键步骤。这样的化学实验，验证性明显，味同嚼蜡，营养价值较低。如果教师在确立研究主题的基础上提供相关仪器和试剂，引导学生提出问题、作出猜想、设计实验等，就能帮助学生沿着化学家的足迹走上发现化学新知识之路。

因此，教师在开展化学实验时，为了充分发掘化学实验的功能，非常有必要扎扎实实按照实验探究的一般程序，给予学生充分的条件让学生提出问题、作出猜想、设计实验、开展实验、寻找证据、分析结论、反思评价等，不断引导学生从一个探究实验走向另一个探究实验，从而逐步提高学生的科学探究与创新意识素养。

不过，教师在引导学生开展探究实验时，一要注意“先带后放”，“扶上马后再送一程”，确保学生熟悉开展实验探究的一般程序及方法；二要注意深度对话，在了解学生真实想法及做法的基础上，通过持续的深度对话不断提升学生的实验探究水平；三要注意案例研讨，通过对典型探究实验案例的反复研讨，引导学生掌握开展探究实验的核心思想和关键方法，从而提高学生开展探究实验的水平。

探究实验是化学学科的特有属性，宛如直立行走之于人类，不仅能强化学生的科学探究与创新意识素养，还能提升学生的证据推理水平，培育学生的科学精神，教育价值实在重要。因此，教师要尽可能将更多验证实验转化为探究实验，以充分发掘探究实验的教育价值。当然，如“配制一定质量分数的氯化钠溶液”等实验不适合整体转化为探究实验，教师也不要为了探究实验而探究实验。

第十一篇 对话教学与情境创设

摘要：好的学习情境具有激发动机、产生冲突、提供支架的功能。对话教学以学习目标为背景，以生活、生产、实验等为依托，以核心问题为线索，以学习任务为驱动，通过创设学习情境生“疑”立“问”，促使核心问题自然而然孕育，让核心问题成为开展高质量对话的有力线索，从而促进学生基于特定的学习情境主动有意义地构建知识。

关键词：对话教学；学习情境；脂肪烃

教学活动在一定的时空里进行，师生的主观心理和教学的客观环境构成相应的学习情境。学习情境是认知或学习活动的基础，学习是学生基于特定的学习情境对知识主动构建的过程，而知识则镶嵌于产生它的学习情境中。对话教学视域下的学习情境是以学习目标为背景，以生活、生产、实验等为依托，以核心问题为线索，以学习任务为驱动，贯穿整个学习过程的学习场，其构建注重生活与认知的真实，与学习目标相匹配。精彩的学习情境不仅可以为生成核心问题奠定基础，还能引起学生的有意注意，激发学生的学习兴趣，为学生的后续学习注入不竭动力，从而引导学生全身心地投入课堂学习，这是提升课堂教学质量的基础。笔者最近一次的教学经历就充分说明了这个问题。

一、挥之不去的阴影

笔者当时在高二年级任教，正在教授有机化学基础。当笔者讲到“脂肪烃”这一节课时，因为学生已经在高一年级接触过某些重要的脂肪烃，如甲烷、乙烯和乙炔等，所以笔者感觉没有必要再创设由学生生活实际入手的曲径通幽式的学习情境，完全可以采用直接步入正题的导入方法。于是，笔者就设计了如下问题引入新课：对于烃来说，其组成元素有哪些特征？如何区分脂肪烃和芳香烃？常见的脂肪烃有哪些种类？结果一节课下来，学生听得昏昏欲睡，笔者也讲得索然无味，师生之间根本就没有卓有成效的互动。从教学效果来看，学生对有关简单脂肪烃和芳香烃、饱和烃和不饱和烃的区别还存在一些显而易见的问题；学生对于甲烷、乙烯、乙炔性质的回顾更是疲于应对，根本没有主动归纳、总结和比较。这无疑是一次糟糕的教学之旅，师生在长达 40 分钟的教学之旅中，没有体会到“景物”的赏心悦目，只是感到了“跋涉”的艰辛疲劳。这样的艰辛疲劳促使笔者重新设计导入模式。

二、难以忘怀的精彩

在另外一个平行班级中，笔者尝试创设以下学习情境，结果是短暂的精彩导入，创造了满堂的精彩。

笔者：同学们，有一句话叫“送人玫瑰，手留余香”，大家都听说过吗？

学生：听说过！

听到笔者说这句名言时，几乎每一个学生脸上都洋溢着轻松快乐的神情，并抬头睁大眼睛看着笔者，这说明他们急切地想知道笔者说这句名言的真正目的，这样也就自然而然地引起了学生的注意，同时激发了学生的学习兴趣。

笔者：既然大家都听说过这句名言，那么我想问一问大家，这种散发出香味的物质是什么呢？

抛出这个问题之后，绝大多数学生是一脸疑惑，都在饶有兴味地思考这个问题，教室里顿时静极了。大概过了30秒，有几个学生说“不知道，老师您快解释解释”。对于学生来说，这种比较新鲜的问题，明显地促使他们继续认真听下文，也就为学生进一步的学习注入了新的动力。

笔者：其实，玫瑰花发出的香味是一种叫作苧烯的物质，它的化学式是$C_{10}H_{16}$，大家看一看它的组成元素有什么特征？苧烯属于哪一类有机化合物？

这样，课程就自然而然地进入了正题，导入过程既不烦琐古怪，也不枯燥乏味，学生在心理上很容易接受。

学生：组成元素只有碳和氢，属于烃类物质。

笔者：那么，如何区分脂肪烃和芳香烃呢？

……

对于这一节课来说，学生听课时专心致志，教师在授课时激情四射，师生互动不仅频繁，而且主动、高效，教学效果良好，可谓充满了精彩。而这一节课和之前那一节课相比，变化的仅仅是导入过程。无疑，精彩的导入创造了精彩的课堂效果。

三、抑制不住的反思

在第二节课创造了精彩之后，笔者不由得进行反思：什么样的学习情境才算精彩？现将笔者的反思叙述如下，以求抛砖引玉。

首先，教师不能认为学生已经学习了相关内容，就采用“直奔主题、开门见山”的导入方法。实行新课程改革以来，化学学科新教材在编写上强调知识的螺旋上升，往往由浅慢慢入深，后面所学的知识点在前面几乎都有涉及，如《化学 1（必修）》《化学 2（必修）》，几乎涵盖了中学化学所有的知识点。如果教师单纯地认为学生在步入高二以后就是在巩固、拓展“旧”知识，然后每节课都采用“直奔主题、开门见山”的导入方法，而不再对导入进行精心设计，势必会大大消减学生的学习兴趣，从而挫伤学生学习的积极性。虽然有些知识点学生已经知道，但教师可以另辟蹊径，采用灵活多样的方法，以引起学生的兴趣。就像上述案例一样，教师用“送人玫瑰，手留余香”这一句名言实现了曲径通幽的目标。

其次，教师在创设学习情境时要善于挖掘学习情境的功能。学习情境是一切认知或学习活动的基础，学习是学生基于特定的情境对知识主动构建的过程，学生的认知过程基本由情境决定，而知识则镶嵌于产生它的情境中。情境认知理论强调无情境无认知、无交互无认知、无参与无认知。好的学习情境具有以下功能：激发学生的学习动机，使学生产生积极的学习兴趣；认知冲突是学生积极思维的触发器，让学生在学习情境中产生疑难，在疑难中提出问题；提供有力的学习支架，有利于学生感知事物，形成感性认识，基于感性认识经过思维加工形成概念和规律，促进学生探究、反思、互动。

再次，教师在创设学习情境时，必须从学生熟悉的事物出发，但由此所引发的问题对学生来说又必须是新鲜的。教师在导入新课时，从学生熟悉的事物入手，符合“由生活走进化学”的新课程理念，同时易于让学生接受。但是由此提出的问题的答案不能太过显而易见，否则就很难激发学生的学习兴趣；也不能过于刁钻古怪，否则会打击学生学习的积极性，而要保证由事物到问题的过渡，要给予学生一种新鲜的感觉，正是这种新鲜的感觉能够引起学生学习的巨大兴趣。比如在上述案例中，笔者以一句学生熟悉的名言为基础，提出了一个学生平时不注意思考的问题，这才使学生产生了盎然的兴趣。

最后，教师在创设学习情境时所讲述的事物以及所提出的问题必须和新授课的主要内容有着清晰、直接的联系，而且必须“短”“快”。不少教师在导入新课时颇费周折，把导入方式设计得很花哨，而且谜团丛生，结果绕来绕去和所讲授的主要内容并没有太大的关系。这种貌似精彩、引人入胜的导入实际上很难创造持续的精彩，而且会消耗学生不少的兴趣、动力以及精力。笔者在设计上述案例时，第一句话提到学生熟悉的事物——一句名言，第二句话就抛出了问题——是什么物质，实际上就直指脂肪烃了，第三句话就步入正题了——其组成元素有什么特征，这样就自然而然地引入了“脂肪烃”这一内容，可谓水到渠成，没有半点偏题、离题。这样学生不仅觉得有趣，而且学得轻松，从而创造了持续的精彩。

好的学习情境具有激发动机、产生冲突、提供支架的功能。对话教学创设学习情境的出发点是统筹考虑学生的学习目标、学习经验和认知水平：根据课程标准拟定学习目标，根据学生生活实际及课程内容安排分析学生已有的学习经验，根据个体身心发展规律预判学生的认知水平。对话教学创设学习情境的归宿是有效孕育核心问题：通过创设学习情境生“疑”立“问”，促使核心问题自然而然孕育，让核心问题成为开展高质量对话的有力线索。

第十二篇 对话教学与推理能力

摘要：科学推理是科学思维的核心内容，培养学生的推理能力是化学教学的重要追求。深度学习视域下的对话教学重视培育学生基于证据的推理能力，引导学生经历逻辑清晰、生动完整且指向核心问题解决的推理过程，促使生本对话、生生对话、师生对话持续深入，同时强化学生推理意识和推理能力的培育。

关键词：对话教学；深度学习；科学推理

科学推理是科学思维的核心内容，在中学化学教学中，培养学生的证据推理能力是发展学生学科核心素养的必然要求。从知识演绎层面来看，中学化学知识的学习需要学生从经验、现象走向概念、规律，这需要推理；从教学实践层面来看，中学化学课堂教学的推进需要沿着学习情境、核心问题、学习目标等路径螺旋上升，这需要推理性教学过程作为支撑。化学作为一门基础实验学科，充满丰富的宏观现象和奇妙的微观实质之间的相互推理过程，教师有责任为培养学生的推理能力服务，而化学课堂是化学教学的主阵地，研究如何在课堂上培养学生的推理能力有着重要的教育意义。

一、推理的含义及推理能力在教学中的培养

所谓推理，是指根据一个或一些判断得出另一个判断的思维过程。简单地说，就是以已知条件为出发点，以科学事实为依据，论述已知条件发展、变化的可能性，并得出与已知条件相匹配的结论。推理由前提、结论和推理形式构成，前提是已知的判断，是整个推理的出发点，通常叫作推理的根据或理由；结论是推理所引出的新判断，是推理的目的和结果。按照前提和结论一般性程度的不同，可以把推理分为演绎、归纳和类比。演绎是由一般性的前提推出个别性的结论；归纳是由个别性的前提推出一般性的结论；类比是由个别性的前提推出个别性的结论。

通过对推理含义的概述，可以发现，培养学生推理能力的基础在于让学生掌握科学的知识——推理的依据，前提在于培养学生善于发现推理的已知条件的意识，关键在于激活学生大脑中已具备的相关信息。

二、化学课堂培养学生推理能力的方案初探

（一）推理依据的识记

推理的依据就是学生已知的事实、概念、原理、规律等。21世纪是知识经济时代，信息占据主要地位，在化学课堂上，教师应

善于培养学生敏于发现并高效识记有用信息的意识。虽然教材为实现培养学生逻辑推理能力提供了知识基础，但还要求教师对教材里有关的事实、概念、原理、规律做深度的剖析并强调其重要性。

1. 可作为推理依据的事实

对于化学来说，作为推理依据的事实就是一些重要物质的特性，这些物质的特性往往是推理的突破口，在推理题中显得尤为重要。比如，氢离子核外无电子，常温下碳原子个数小于等于4的烃才是气态，氯气是黄绿色的气体，氢氧化铁是红褐色沉淀，钠的单质及其化合物的焰色反应为黄色，氯苯不能发生消去反应，溴苯发生水解反应后变成苯酚，甲烷是最简单的有机物，甲烷的相对分子质量为16，铁离子遇KSCN溶液变红，苯酚遇$FeCl_3$溶液变紫，含有铜离子的溶液呈蓝色，硫化氢有臭鸡蛋气味，苯的同系物能使酸性$KMnO_4$溶液褪色但不能使溴的四氯化碳溶液褪色，二氧化硫是造成酸雨的罪魁祸首，氨气是唯一的碱性气体，聚乙炔具有导电性……

2. 可作为推理依据的概念

在化学里，作为推理依据的概念主要是概念里的限制因素，教师在授课时，需要对这些限制因素进行强调。比如，互为同位素的核素必须含有相同数目的质子且中子数不同，互为同素异形体的物质必须是由同种元素组成的不同单质，互为同分异构体的化合物必须分子式相同但结构不一样，氧化还原反应里必须有电子的转移，烃是只含碳氢两种元素的物质，芳香烃是含有苯环的烃，苯的同系物的取代基必定是烷基……

3. 可作为推理依据的原理

在化学里，几乎每个原理都可作为推理的依据，可以是定量的，也可以是定性的。比如，阿伏加德罗定律，理想气体状态方程，核外电子排布规律，化学计量数之比等于参与反应的各物质的物质的量之比，化学平衡移动原理，影响化学反应速率的因素，当摩尔质量以克每摩尔为单位时在数值上和相对分子质量相等，气体的相对密度之比等于相对分子质量之比……

4. 可作为推理依据的规律

在中学化学的有关推理题中，用作推理依据最多的莫过于有关化学的规律了。有关化学的规律既是学科教学的重点，也是培养学生推理能力的基石。比如，连接在同一个碳原子上的所有甲基氢原子化学环境相同，含有相同官能团的有机物化学性质相似，所有铵盐都是易溶于水的强电解质，铵盐是由非金属元素构成的离子晶体，电子总数是10的微粒有 H_2O、HF、CH_4、NH_3、OH^-、F^-、NH_4^+、Na^+、Mg^{2+}、Al^{3+}，发生加成反应的物质必含有不饱和价键，能发生消去反应的物质必含有 β 氢原子，能发生催化氧化得到醛的醇 α 碳原子上必有两个 H，特殊元素在周期表中的相关位置……

（二）培养学生善于发现推理已知条件的意识

培养学生善于发现推理已知条件的意识，关键是让学生敏锐地发现推理的目的。一旦推理的目的明确，学生就会在熟记推理依据的基础上，自然而然地寻找推理的起点，也就是推理的已知条件。推理的已知条件在推理情境中有显露的，也有隐含的；有定性的，也有定量的。显露的一般是物质的物理特性，如颜色、气味、硬度、导电性等；隐含的一般是构成概念的条件，如一元卤代烃中只含一个卤素原子，标准状况下气体摩尔体积为22.4L/mol，互为同分异构体的物质分子式相同；定性的一般是物质的化学特性，如Ag^{+}遇到Br^{-}生成淡黄色沉淀，苯酚遇到Fe^{3+}显紫色，苯的某些同系物可以使酸性高锰酸钾溶液褪色；定量的一般是用来推导物质的分子式或官能团的个数，如1mol某醇和足量的金属钠反应得到1mol氢气，某气体的密度是同条件下空气的2.23倍，某气体在标准状况下的密度为1.25g/L。

（三）培养学生加工推理条件得出结论的能力

学生在具备发现推理已知条件的意识之后，就可以对已知条件进行加工处理了，即以已知条件为出发点，以科学事实为依据，论述已知条件发展、变化的可能性，并得出与已知条件相匹配的结论。这里需要学生对推理条件有敏锐的感觉，即敏锐地捕捉已知条件的用途并进行有意识、有目的的推理。在解答推理题时，一般运用“逆分析”的方法，即要得到题目中要求的结论，需要哪些条件，以此再结合题目给的已知条件，就可以顺利地根据相关原理、概念、规律进行解答。比如，问题中要求求出分子式，题干中已知所求物质和某已知物质的相对密度之比，那相对密度之比肯定是用来求相对分子质量的；问题中要求预测有机物的性质，情境中提供了有机物的结构式，那有机物的结构式肯定是用来确定官能团的。

三、化学课堂设置推理性问题的注意事项

（一）问题的难度要适当且有层次

如果问题难度较大，学生望而生畏；如果难度偏低，学生思维活跃不起来。因此，课堂问题的设计应根据学生的认知做到由浅入深、由易到难，范围大小恰如其分。教师可以把一个综合性问题分解成若干小题，设计成“连环题”——按逻辑关系组成由浅入深的小问题，环环相扣，层次清晰，然后适当引导学生，从而逐步突破难点，最终实现推理的完成。

例如，请依据图 4，按要求回答下列问题。

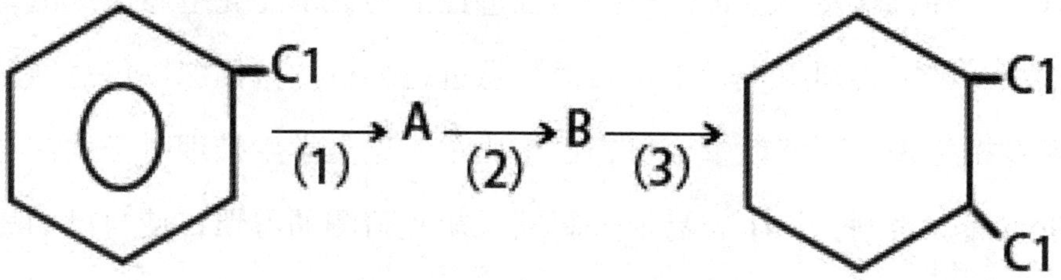

图 4　氯苯合成 1，2- 二氯环己烷反应流程

由氯苯合成 1，2- 二氯环己烷，请你找出它们在结构上的两个变化。苯环变成了环己烷必须发生什么反应？氯苯能发生消去反应吗？根据学习经验，要想一次性引入两个氯原子必须发生卤素单质的加成反应，而发生加成反应的条件是分子中必须含有不饱和的价键，请写出（1）的化学反应方程式：________________________

________________________。

（二）应以学生具备的相应信息为前提

处理推理性问题时，应以学生具备的相应信息为前提。也就是

说，必须遵循认知规律，由浅入深，由易到难，才能使学生在具备相应知识的前提下向能力转化。如果学生缺乏对基本事实、概念、规律、原理、过程的了解，思维训练如同沙丘上建高楼，可望而不可即。在进行讨论时学生更无从着手，无从表达，这将使课堂失去活跃性，取得的效果适得其反。

（三）应引导学生进行推理

在进行训练的最初过程中，教师必须引导学生按部就班地按照某一固定技巧的步骤进行推理，以情境中提供的已知条件为线索，以掌握的事实、概念、原理、规律为依据，进行有目的的推理。推理是一种科学性、逻辑性很强的创造性活动，不能凭空想象或随意揣测，教师必须引导学生对表面信息进行分析，挖掘深层信息，采用逻辑推理，不能就事论事，以偏概全。这是学生推理时必须注意的方面，否则，学生容易形成臆断或胡乱猜测的习惯，使自己的思维出现偏差，因而失去科学性、逻辑性。

（四）应进行多角度的训练

为了达到提高学生推理能力的目的，教师可以进行多角度的训练。在化学课堂上，训练的内容一般情况下都是和化学有关的，为了避免学生感到化学推理的枯燥乏味，教师也可以在训练的过程中有意识地安插一些其他训练学生推理能力的活动，如猜谜语、猜字谜、脑筋急转弯等，尽量多给学生带来浓厚的推理乐趣，以求多角度、多层次地训练学生的推理能力。

《课程标准》对提高学生能力提出了新的、更高的要求。在平时的教学中，教师必须具备培养学生推理能力的意识，把复杂的推理演变为趣味性浓厚的活动，调动学生积极性，提高学生独立认识问题、解决问题的能力；教师应善于鼓励、启发和引导学生拓展思路，从不同的层面，用不同的方位促使学生开动脑筋进行推理，努力从“无关”中推断出“有关”，从“无意义”中推断出“有意义”。教师要培育学生的推理能力，一是要丰富学生对化学概念与化学规律的认知，建立相应的逻辑关系；二是处理好“证据意识”与“获取有效推理证据的能力”“推理意识”与“基于证据的合情推理能力”的关系并建立简单的思维模型。同时，教师要不断提升自身的化学学科理解能力、证据推理能力、课堂教学引导能力等，使具备优秀推理能力的教师培育具备优秀推理能力的学生。当然，冰冻三尺，非一日之寒，只要教师在教学中有意识地、坚持不懈地培育推理能力，就一定能使学生的推理能力得到明显的改进和提高。

第十三篇　对话教学与问题设计

摘要：渐进式问题是利用知识基础，层次分明、螺旋上升的问题组，逐步为学生突破终端核心问题搭建台阶。对话教学围绕核心问题的解决而展开，需要通过渐进式问题一步步引导、帮助学生拾级而上，同时给予学生方法示范，引导学生养成科学的问题解决思维，不断强化学生发现问题及解决问题的意识和能力。

关键词：对话教学；问题设计；渐进式问题

课堂是课程改革的主阵地，是完善课改理念及获得解决课改问题方法的源泉。新课程理念，要求教师培养学生发现问题及解决问题的能力，然而在实际的教学中，往往会出现异常尴尬的现象：在教师提出某问题时，本来勇敢而喧闹的学生突然变得胆怯且安静了。是学生不愿意体验因成功回答问题所带来的喜悦吗？当然不是。反思后笔者发现，教师在提出问题时往往不注重问题的层次（问题太难），导致问题本身和学生的已有知识基础之间严重脱节，学生实在不知怎么答；抑或是教师的问题太过笼统（问题太大、太广），学生实在不知该从哪里答起。对话教学视域下的课堂教学围绕核心问题的解决展开，要求教师不断强化学生发现问题及解决问题的意识及能力，可采用渐进式问题，有效地避免上述尴尬局面的产生。

一、渐进式问题概述

所谓渐进式问题，顾名思义，就是紧密结合学生已有的知识基础，层次分明、螺旋上升的问题组。通俗地讲，就是把学生的已有知识基础作为底层，而把学习目标作为顶层，渐进式问题就是一个又一个的台阶。很显然，这里的台阶不是孤立的，而是紧密结合、层次分明、逐渐上升的。渐进式问题以“最近发展区”理论为指导，并结合学生的认知规律，逐步为完成学生的学习目标搭建台阶。

二、渐进式问题的设计

（一）以学生的已有知识为基础，突出层次性

按照学习动机理论，教师传递的信息与学生对信息的兴趣及认知产生共鸣时，教学效果最佳。因此，在设计渐进式问题时，教师要从学生的知识储备和思维水平出发，使问题的难易程度适中，力戒一步到位或问题过大。例如，在进行“乙醇被催化氧化”[①]的教学时，将螺旋状的铜丝在酒精灯火焰上灼烧（铜丝变黑），然后立即伸入盛有无水乙醇的试管，过一会儿取出（铜丝变红）。如果教师直接问：“为什么会有这样的变化呢？到底发生了什么反应？”对于这样笼统且跳

① 课程教材研究所．普通高中教科书化学必修第二册 [M]．北京：人民教育出版社，2019:78-79.

跃性大的问题，绝大部分学生会无从下手。若改为以下渐进式问题，将收到事半功倍的效果。可以设计如下问题（见表4）。

表4　乙醇被催化氧化的实验

1. 学生已知 CuO 为黑色，铜为紫红色。
2. 铜丝为什么会变黑？是什么变化？
3. 铜丝又变红，说明生成了什么物质？是什么变化？
4. 有刺激性气味的物质是什么？乙醇被催化氧化实验中铜丝起到了什么作用？
5. 请写出总反应的化学方程式。

（二）以学生出色解决问题为目标，突出有效性

渐进式问题的优点在于，以学生已有的知识为基础，综合考虑认知发展规律，为了利于学生解决深层次的问题，把大问题细化为一个又一个子问题。这些子问题不是孤立的，而是彼此互为台阶且逐渐提高。所以，渐进式问题设置的短期目标就是学生出色地解决问题，有利于教育教学的顺利进行。这就要求教师在设计渐进式问题时要充分考虑问题的起点和终点之间的紧密联系，这些紧密联系也就是设置问题台阶的着眼点。例如，在进行“放热反应为什么趋向于自发进行”的教学时，问题的起点是什么是放热反应，问题的终点是为什么放热反应会趋向于自发，两者之间的纽带就是能量变化和反应是否自发之间有什么联系。可以设计如下问题（见表5）。

表5　放热反应实验

<table>
<tr><td>什么是放热反应？</td><td>万物都趋向于达到稳定状态吗？</td></tr>
<tr><td>放热反应中物质的能量有什么变化？</td><td>稳定性和能量之间有什么关系？</td></tr>
<tr><td colspan="2">放热反应中生成物和反应物相比，谁更稳定？</td></tr>
<tr><td colspan="2">为什么放热反应趋向于自发？</td></tr>
</table>

（三）以启发学生解决问题为手段，突出方法性

授之以鱼，不如授之以渔。渐进式问题设计的最终目的不是让学生解决眼前的单个问题，而是让学生认识到事物之间的普遍联系，并能利用类似或者创新的方法自主解决后续学习中发现的问题。启发的形式多种多样，可以是实验探究，也可以是类比推理或信息提示，等等。以教学“化学平衡状态的建立”为例，教学内容比较抽象，需要学生具有较强的微观想象力，这个时候教师可以采用举例说明、类比推理的方法。具体设计如下（见表6）。

表6 化学平衡状态的建立实验

微观探析
什么是可逆反应？它有什么特征？把钠投入足量水中，钠会有剩余吗？
双向进行是什么意思？ 请以 $2SO_2+O_2 \rightleftharpoons m2SO_3$ 中的 SO_2 为例说明
SO_2 的量何时达到定值？
SO_2 的生成速率和消耗速率是否相等？
化学平衡建立的本质原因是什么？

宏观类比
把教室的前后门打开，前门进入同学，后门出去同学，进入和出去同时进行。
教室内同学数量何时达到定值？
前门进入 N 名同学，同时后门出去 N 名同学。

三、渐进式问题的教育功能

（一）提高学生的学习兴趣

渐进式问题杜绝一步到位，把一个大问题分为几个有层次的子问题，降低了问题的难度，使大部分学生能够各个击破、拾级而上，最终解决问题，从而体会到成功解决问题的喜悦，这样不仅提升了学生的学习信心，而且激发了学生的学习兴趣。正如古语所言：知

之者不如好之者，好之者不如乐之者。这将使学生后续的化学学习形成良性循环。

（二）提高学生的思维能力

教师在课堂上有意识地设计渐进式问题，能使学生受到潜移默化的影响，即学生在后续的学习中用类似的方法去分析问题、解决问题，从而提高思维能力。

（三）有利于课堂教学的顺利进行

教师在课堂上有意识地设计渐进式问题，并以学生的已有知识为基础，从而使学生在轻松且高效的环境中解决问题、习得知识、获得能力并体验成功，因此，不会出现“冷场”或教师“自问自答”的局面，进一步使学生欣悦、教师也欣悦，最终营造和谐、民主、平等的课堂氛围，有利于课堂教学的顺利进行。

深度学习视域下的中学化学对话教学围绕核心问题的解决而展开，但核心问题的解决并不是一蹴而就的，需要通过渐进式问题一步步引导，从而帮助学生拾级而上。同时，利用渐进式问题逐层解决核心问题，也能给予学生方法示范，引导学生养成科学的问题解决思维，不断强化学生发现问题及解决问题的意识和能力。此外，随着新课改的不断深入，以渐进式问题为背景的题目在中考及高考中层出不穷，足以引起一线教师的重视。当然，基于对话教学核心问题解决的渐进式问题设计的完善，还有待教师不断对课堂教学进行深刻反思。

第十四篇　对话教学与化学观念

摘要：化学观念是化学学科认知模型，能引导学生对化学进行有意义的学习，帮助学生深入理解化学的核心知识，不断培育学生的核心素养。对话教学能促进学生对事物的深度理解，特别注重对化学观念的渗透。化学实验观念是特别重要的中学化学观念之一，以化学实验观念的教学探讨对话教学视域下化学观念教学策略具有典型性。

关键词：对话教学；化学观念；化学实验

化学观念是化学学科认知模型，为学生提供持续学习化学的组织结构或参考框架，是对化学学习至关重要的陈述，能够把各种化学理解连成一个整体。化学观念能引导学生对化学进行有意义的学习，帮助学生深入理解化学核心知识，不断提升学生的核心素养，是化学学习的核心，对于化学学习具有重要价值。

中学化学观念主要包括微粒观、元素观、结构观、转化观、能量观、分类观、实验观、守恒观、定量观、辩证观和环保观等。对话教学能促进学生对事物的深度理解，特别注重对化学观念的渗透。如何在对话教学中渗透有关化学观念的教学？本文以“实验观”教学为例，探讨对话教学视域下化学观念教学策略。

一、提出问题

近日，笔者观摩了同年级的一节公开课——“粗盐的提纯”①，其中涉及检验硫酸根离子的实验。当时，授课教师是这样组织教学的：

首先，授课教师让学生熟悉检验硫酸根离子的实验步骤；

其次，授课教师演示检验硫酸根离子的实验；

最后，授课教师引导学生分析实验原理及加入过量盐酸的原因。

授课教师按照上述三步完成教学任务后，紧接着用课后练习检查学生对该知识的掌握情况。从反馈的结果来看，教学效果不太令人满意，几个回答问题的学生所说的检验方案基本均为“用盐酸，观察是否产生能使澄清石灰水变浑浊的气体”。学生所设计的实验方案并不完整，授课教师对此也并未做任何更有意义的引导。

二、分析问题

化学是一门以实验为基础的自然科学，以实验为基础的观念已成为化学学习的行动指南。化学实验是化学科学最重要的实证研究

① 课程教材研究所．普通高中课程标准实验教科书化学 1 必修 [M]．北京：人民教育出版社，2007:5-7.

方法。实证意味着求证，要证实或证伪。为此，师生要寻找可靠的证据，即通过化学实验获得实验事实：与实验事实一致，就是证实；与实验事实不一致，就是证伪。科学探究法、变量控制法、对照实验法等是常用的实验方法。

人教版的《化学 1》第一章第一节的设计不同于鲁科版和苏教版《化学 1》第一章第一节的设计，人教版的《化学 1》在第一章第一节就设计了化学实验，其主要目的是让高一新生在充满趣味的化学实验中走进高中化学，同时体现化学是一门实验科学的特征。

为了达到此目的，人教版《化学 1》第一章第一节先后呈现了实验安全、除杂、过滤、检验、蒸馏、蒸发、分液及萃取等基本实验。在这种背景下，笔者认为，化学教师在引导学生认识实验仪器、理解实验原理、训练实验技能的同时，更应该涵养学生的化学实验观念。因为如果把实验仪器、实验原理及实验技能分别比作汽车的车轮、刹车及保险杠，那么化学实验观念就是方向盘。虽然车轮、刹车、保险杠和方向盘相辅相成，但是方向盘却决定了汽车行驶的方向。方向问题是大问题，决定了“学生能否由一个地方达到另一个地方”。在上述课堂中，学生之所以未能描述出完整的实验方案，未能举一反三，就是因为“不知道检验物质的方向在哪里”。另外，化学实验观念的完善也有利于学生对实验仪器的使用，有利于学生对实验原理的理解，有利于学生对实验技能的训练。化学实验观念统领化学实验全局。

三、解决问题

在听完那节公开课后，笔者在自己所教班级对教学思路进行了完善，主要是增添了一步教学步骤，即在学生熟悉实验步骤、教师演示实验、师生分析实验原理的基础上，又加了一步“师生共同概括检验物质的一般方法”。

经过讨论之后，师生共同得出检验物质的一般方法：取样+试剂+现象+结论。取样即取出适量的待测物质置于适宜容器中，试剂即添加适量的溶解试剂、排除干扰试剂及检验试剂（是否需要添加溶解试剂、排除干扰试剂要视具体情况而定），现象即观察现象，结论即根据现象得出结论（注意正反两方面）。

在此步之后，笔者也用课后练习检查了学生对该知识的掌握情况，绝大多数学生能顺利地说出完整的实验方案，教学效果相对来说更好。

笔者认为，笔者的教学效果之所以更好，是因为笔者注意引导学生养成检验物质的化学实验观念。

四、升华问题

笔者注意到，新课改以来，各地高考化学试题均把对化学实验观念的考查放在了重要位置。在历年的广东高考化学试卷中，这一点体现得更为明显，甚至连续多年披着相同的“面纱”。

2012 年第 33 题：

（3）测定白色固体 B 的熔点，发现其在 115℃时开始熔化，达到130℃时仍有少量不熔。该同学推测白色固体B是苯甲酸与KCl的混合物，设计了如下方案进行提纯和检验，实验结果表明推测正确（见表7）。请在答题卡上完成表中内容。

表7　物质测定实验

序号	实验方案	实验现象	结论
①	将白色固体B加入水中，加热溶解，________	得到白色晶体和无色溶液	
②	取少量液体于试管中，________	生成白色沉淀	滤液含有Cl^-
③	干燥白色晶体，________	________	白色晶体是苯甲酸

2011年第33题：

（2）假设试剂由大量$Ba(OH)_2 \cdot 8H_2O$和少量$BaCO_3$组成，设计实验方案，进行成分检验，在答题卡上写出实验步骤、预期现象和结论（见表8）。（不考虑结晶水的检验；室温时$BaCO_3$饱和溶液的PH：9.6）限选试剂及仪器：稀盐酸、稀硫酸、NaOH溶液、澄清石灰水、PH计、烧杯、试管、带塞导气管、滴管。

表8　成分检验

实验步骤	预期现象和结论
步骤1：取适量试剂于洁净烧杯中，加入足量蒸馏水，充分搅拌，静置，过滤，得滤液和沉淀	
步骤2：取适量滤液于试管中，滴加稀硫酸	
步骤3：取适量步骤1中的沉淀于试管中，________	
步骤4：________	

2010 年第 33 题：

①提出合理假设。

假设 1：只存在 SO_3^{2-}。

假设 2：既不存在 SO_3^{2-} 也不存在 ClO^-。

假设 3：____________。

2009 年第 21 题：

（3）固体产物中铁元素存在形式的探究。

①提出合理假设。

假设 1：________。假设 2：________。假设 3：________。

②设计实验方案证明你的假设。（不要在答题卡上作答）

③实验过程。

2008 年第 21 题：

①提出合理假设。

假设 1：________。假设 2：________。假设 3：________。

②设计实验方案证明你的假设。（不要在答题卡上作答）

③实验过程。

2007 年第 23 题：

（1）提出假设。

假设 1：该混合金属粉末中除铝外还含有 _________ 元素。

假设 2：该混合金属粉末中除铝外还含有 _________ 元素。

假设3：该混合金属粉末中除铝外还含有Fe、Cu元素。

（2）设计实验方案。

基于假设3，设计出实验方案（不要在答题卡上作答）。

（3）实验过程。

根据（2）的实验方案，叙述实验操作、预期现象和结论。

为什么连续6年高考实验题的考查方式均如此相似呢?

一方面，化学是一门实验学科，实验基础之于化学，犹如两腿之于行走。根据课程标准所确定的“内容标准”，在必修课程的6个主题——“认识化学学科”“化学实验基础”“常见无机物及其应用”“物质结构基础”“化学反应与能量”“化学与可持续发展”中，“化学实验基础”是必修课程内容的核心。“化学实验基础”的核心地位正是由“化学是一门以实验为基础的科学”这一特征所决定的。而物质的提纯、检验、制备等实验是化学实验的基础，学生只有掌握了化学实验的基础，才能更好地通过实验来学习化学。从这个角度来说，高考化学实验试题必须体现这种必要的导向性。因此，虽然编制高考化学试题的材料年年在变，但实验基础却不会改变，连续几年的广东高考化学实验试题就很好地说明了这一点。

另一方面，实验是研究化学的重要方式，实验思想之于实验，犹如人脑之于人体。《普通高中化学课程标准（实验）》在论述高中化学课程的基本理念时明确指出，以化学实验为主的多种探究活动，能够使学生体验科学研究的过程，激发学生学习化学的兴趣，强化学生科学探究的意识，促进学生学习方式的转变，培养学生的创新精神和实践能力。事实上，思想决定行动，对化学实验来说更是如此，只有实验人员预先设计好了实验方案，才可能进一步将实验方案付诸实践。而实验人员要想预先设计出更为科学合理的实验方案，就必须具备科学合理的化学实验观念。比如，实验人员想完成某除杂实验，就必须先知道并理解除杂实验的思想——除杂试剂要过量，不能引入新的杂质，不能减少目标物质等，否则，将无从下手。近几年的广东化学高考实验试题均突出了对化学实验观念的考查，考生如果具备了相应的化学实验观念，那么就会觉得轻松。

化学实验是学习化学的重要方式，也是深入研究化学的重要途径。教师在进行化学实验教学时，一方面要重视化学实验基础（实验仪器、实验原理、实验步骤等）；另一方面要深层次引导学生形成科学合理的化学观念，深刻挖掘化学实验观念的隐性教育功能，以使学生在后续实验中怀揣“行动指南”。对话教学能促进学生对事物的深度理解，教师在对话教学中要注重对化学观念的渗透，引导学生对化学进行有意义的学习，帮助学生深入理解化学核心知识，不断提升学生的核心素养。

教学实践篇

第一篇 “化学式”教学实录

摘要： 课堂教学是一种对话实践，通过师生、生生及自我的深度对话，以“为什么学习化学式？”“什么是化学式？”“我已会书写哪些物质的化学式？”“这些常见物质的化学式有何含义？”“如何书写常见单质的化学式？”“如何书写常见化合物的化学式？”“如何实现化学式与名称的相互转化？”“如何书写常见物质的化学式？”等子问题为载体，逐步解决“如何书写常见物质的化学式？”的核心问题，实现对化学式的深度学习。

关键词： 对话教学；化学式；核心问题

一、设计理念

课堂教学是一种对话实践。通过对话，教师和学生相互理解并集体再创造。对话教学围绕核心问题的解决而展开，强调新概念与已有知识经验之间的联系、批判性理解以及逻辑性论证，通过师生、生生及自我的深度对话，实现对重难点内容的深度学习。

二、教材分析

“化学式”一课源自《化学九年级上册》第四单元《自然界的水》课题4《化学式与化合价》第一课时[①]。此前，教材已经呈现了“元素”“元素符号”及“水的组成”等内容，以水的化学符号引出化学式水到渠成。此后，教材呈现“化合价”“质量守恒定律”“化学方程式”等内容，以化学式作为工具基础。

化学式是非常重要的化学语言，是初中化学教学的重点。为此，该教材主要通过三方面呈现：一是介绍化学式的概念，强调化学式的特点，即每种物质只有一个化学式；二是厘清化学式的含义，以水的化学式为例，介绍其“表示水这种物质”等四种含义；三是明确化学式的写法和读法，通过典型物质，用分类的方式概括书写化学式的重要方法。

三、课标分析

从《义务教育化学课程标准（2022年版）》的要求来看，本节课主要涉及“物质的组成与结构”学习主题，关乎化学观念、科学思维等核心素养的培育，其学习目标为“能用化学式表示某些常见物质的组成”“能从宏观与微观、定性与定量相结合的视角说明化学式的含义”“能根据相关标签或说明书辨识某些食品、药品的

① 课程教材研究所．义务教育教科书化学九年级上册[M]．北京：人民教育出版社，2012:83-84.

主要成分”等。可见，课标主要强调有关化学式的应用，意在通过应用加深学生对概念的理解，以减轻概念本身对学生的困扰。教师可设计丰富的问题，引导学生及时展示学习成果，并通过深入对话让学生不断厘清思路。

四、学情分析

学生已经学习了元素、元素符号，识记了部分常见物质的化学符号，并探究了水的组成，具备学习化学式的概念、特点、含义、写法及读法的初步基础。但化学式离学生的实际生活较远，学生在初学化学式时难免机械地记忆，只知其然而不知其所以然，部分学生可能会感到学习很困难、很枯燥。为此，教师在设计教学时，需要创设丰富的练习和对话的平台，让学生既有机会展示，又有机会碰撞思维的火花，从而促使学生在动手、动脑中突破难点，并感知乐趣。

五、学习目标

（1）通过观察水的化学符号，了解化学式的概念和特点。

（2）通过讨论水的化学式，说出常见化学符号表示的含义。

（3）通过氦气、铁、氧气、二氧化碳、氯化钠等化学式的书写，掌握书写常见单质、化合物化学式的方法，并能根据化学式读出物质的名称。

（4）通过书写常见物质的化学式，体会书写化学式的必要性及意义。

六、核心问题

本节课主要围绕化学式的概念、特点、意义、写法及读法展开，其中，化学式的概念可弱化处理，重点在于强化应用，并在应用中进一步理解概念。基于此，本节课的核心问题可定为：如何书写常见物质的化学式？该核心问题可按逻辑关系分解为“为什么学习化学式？”“什么是化学式？”“我已会书写哪些物质的化学式？”“这些常见物质的化学式有何含义？”“如何书写常见单质的化学式？”“如何书写常见化合物的化学式？”“如何实现化学式与名称的相互转化？”“如何书写常见物质的化学式？”等子问题。

七、教学实录

下面是对这节课教学过程的详细记录（见表9）。

表9　教学过程

拟解决的问题	教师活动	学生活动	设计意图
为什么学习化学式？	板书：水、H_2O。 提问：两者有何区别和联系？	自主思考并开展组内对话：两者的区别和联系	从中文名称与化学符号的视角了解化学式作为国际通用的化学语言，为学习和研究化学带来了直观和方便
什么是化学式？	以“H_2O”为例，引出化学式的概念	标注并理解“元素符号”“数字”“物质组成”等关键词	初步了解化学式的概念及特点
我已会书写哪些物质的化学式？	组织学生在规定时间内书写已掌握的部分物质的化学式，看谁写得多	书写自己知道的物质的化学式	从化学式的视角重新看待已经掌握的常见物质的化学符－号

续表

拟解决的问题	教师活动	学生活动	设计意图
这些常见物质的化学式有何含义？	以“CO_2”为例，引导学生说出其表达的含义，并完成课本P83的讨论栏目	参考课本关于H_2O表达的含义，先自主思考CO_2等化学式所表达的含义，然后开展组内对话	了解化学式中元素符号、数字等的含义，为书写化学式奠定化学观念和科学思维基础
如何书写常见单质的化学式？	引导学生通过举例的方法，按照稀有气体、金属单质、固态非金属单质、其他气体单质等种类分别总结书写单质化学式的方法	按照稀有气体、金属单质、固态非金属单质、其他气体单质等种类，分别举例，并总结书写单质化学式的方法，然后开展组内对话	通过举例的方式，帮助学生分类掌握书写单质化学式的方法
如何书写常见化合物的化学式？	引导学生通过举例的方法，按照氧化物、含有金属元素的化合物等种类分别总结书写化合物化学式的方法	按照氧化物、含有金属元素的化合物等种类，分别举例，并总结书写化合物化学式的方法，然后开展组内对话	通过举例的方式，帮助学生分类掌握书写化合物化学式的方法
如何实现化学式与名称的相互转化？	组织练习：请根据物质化学式读出其名称或根据物质名称写出其化学式 （1）NaCl、$CaCl_2$、CO、CO_2； （2）三氧化二铁、四氧化三铁、二氧化锰	按照要求自主完成练习，然后开展组内对话	通过典型化学物质的化学式与名称的相互转化，帮助学生有效总结化学式与名称之间的互换方法
如何书写常见物质的化学式？	请以思维导图的形式回答以下问题：如何书写常见物质的化学式？ 教师分享较为典型的思维导图，并组织全班师生对话	根据自身经验，绘制思维导图，在组内分享，并参与全班师生对话	为学生提供课堂学习反思的支架，帮助学生结构化所学知识

八、教学反思

化学式是国际通用的重要化学语言，是学生今后学习和研究化学的必备基础，是初中化学教学重点。如何让学生学会书写常见物质的化学式，是本节课的核心内容，也是本节课的核心问题。核心问题是对话教学的载体，缺失核心问题的教学，对话将无从谈起。本节课笔者根据对教材、课标、学情的分析，提炼出对话教学的核心问题，并围绕核心问题的解决设计教学活动，以“步步铺垫，环环相扣，层层推进”的方式促进核心问题的解决；同时通过比较、分类、分析、综合、评价等，引导学生在解决真实化学问题的过程中，锻炼科学思维和形成化学观念。

第二篇 “铁盐和亚铁盐”教学实录

摘要：以高铁血红蛋白血症的辨析、成因及治疗为实验探究主线，组织铁盐与亚铁盐的教学，突出核心问题的解决，持续强化学生的学习动机，扎实践行凸显学生主体地位的新课程理念，让学生乐意学、需要学、会学习且学得懂。

关键词：对话教学；学习动机；铁盐；亚铁盐

一、设计理念

对话教学围绕核心问题的解决而展开，强调新概念与已有知识经验之间的联系、批判性理解以及逻辑性论证，通过师生、生生及自我的深度对话，实现对重难点内容的深度学习。强化学生的学习动机、凸显学生的主体地位，能促使学生积极广泛地参与对话。

二、教材分析

“铁盐与亚铁盐”一课源自《化学 1（必修）》第三章第二节《几种重要的金属化合物》①。金属及其化合物是学生第一次系统学习元素化合物知识，是学生第一次用氧化还原反应、离子反应等化学理论认识元素化合物的性质，是学生第一次学习一类物质的性质，通过实验分析不同物质的共性和差异。教材主要介绍了 Fe^{3+} 的性质及 Fe^{2+} 与 Fe^{3+} 之间的相互转化，主要通过实验探究引导学生应用氧化还原反应、离子反应等相关化学理论解决实际问题，进一步形成较为系统的知识网络。“铁盐和亚铁盐”的学习能为下一章学习非金属元素及其化合物奠定基础，起着承上启下的重要作用。

三、课标分析

从《普通高中化学课程标准（2017 年版）》的要求来看，本节课主要涉及“常见的无机物及其应用”学习主题，其中铁及其化合物的性质实验属于学生必做实验，关乎证据推理与模型认知、科学探究与创新意识等核心素养的培育，其学习目标为“结合真实情境中的应用或通过实验探究，了解铁及其重要化合物的主要性质，了解这些物质在生产和生活中的应用”等。可见，课标主要强调通过实验探究学习铁及其重要化合物的主要性质。教师可结合真实情境，设计丰富的问题，引导学生及时展示学习成果，并通过深入的对话，让学生掌握学习一类物质性质的思路和方法。

① 课程教材研究所．普通高中课程标准实验教科书化学 1 必修 [M]. 北京：人民教育出版社，2007:55-63.

四、学情分析

学生已经学习了氧化还原反应、离子反应等化学理论，初步理解了从实验中学习化学的观念，能在教师指导下独立完成探究实验，为本节课学习奠定了一定的知识、技能和观念基础。此外，高一学生有很强的好奇心，尤其对化学实验充满期待和向往，教师通过创设学习情境、激发学习兴趣，能引导学生深度参与学习过程，促进学生形成研究一类物质性质的思路及方法。

五、学习目标

（1）通过探究实验学习 Fe、Fe^{2+} 与 Fe^{3+} 的主要性质及相互转化，强化学生对“化学是一门以实验为基础的科学”的认识，培育证据推理与模型认知、科学探究与创新意识等核心素养。

（2）通过探究实验体验科学探究的严谨和喜悦，使学生进一步感受化学世界的奇妙，提高学习化学的兴趣，强化学习化学的动机。

六、核心问题

本节课主要围绕 Fe^{2+} 与 Fe^{3+} 的主要性质及相互转化而展开，并在此过程中强化学生对氧化还原反应、离子反应等相关化学理论的应用和理解，重点在于 Fe^{2+} 与 Fe^{3+} 的主要性质，难点在于 Fe、Fe^{2+} 与 Fe^{3+} 的相互转化及建构“铁三角”。基于此，本节课的核心问题可定为：如何实现 Fe、Fe^{2+} 与 Fe^{3+} 之间的相互转化？该核心问题可按逻辑关系分解为“Fe^{2+} 有哪些性质及如何鉴别？”“Fe^{3+}

有哪些性质及如何鉴别？” “如何实现Fe、Fe^{2+}与Fe^{3+}之间的相互转化？”“如何通过典型的物质转化建构‘铁三角’？”等子问题。

七、教学实录

下表是本节课的一些核心知识（见表10）。

表10　Fe^{2+}与Fe^{3+}的主要性质及相互转化

拟解决的问题	教师活动	学生活动	设计意图
Fe^{2+}有哪些性质？	[展示]血红蛋白图片 [提问]你知道血红蛋白的成分及作用吗？	观察图片，回忆血红蛋白的成分及作用	从生活走进化学，激发学生的学习兴趣，同时呈现情境主线。另外，从学生熟悉的生活材料出发，创设吸引学生学习的情境，是突出学生主体地位的开始
	[展示]高铁血红蛋白血症信息 [提问]你能运用氧化还原反应的相关知识解释高铁血红蛋白血症的成因吗？ [评价]血红蛋白中的亚铁离子被氧化变成铁离子，失去运输氧气的功能	从病症名称思考，根据铁元素的化合价的变化，理解血红蛋白的病变原理	氧化还原反应相关理论是学习本节课的工具，而亚铁盐和铁盐之间的相互转化又是加深理解氧化还原反应相关理论的良好载体，这是整合学科知识的要求，也是促进学生系统掌握知识的重要途径。关注学生的知识掌握、能力提升、情感养成等目标的达成情况，是突出学生主体地位的重要意义

续表

拟解决的问题	教师活动	学生活动	设计意图
Fe^{3+} 有哪些性质？如何鉴别 Fe^{2+}、Fe^{3+}？	［过渡］假设已将健康人和患者血样中的铁元素提取并转化为 $FeCl_2$ 和 $FeCl_3$ 溶液，但试剂瓶上标签丢失了，你能鉴别它们吗？请各小组根据已学知识及教材 P61 的实验 3-10 设计鉴别方案并动手实验	各小组学生设计、讨论实验方案，并动手实验探究	通过自主设计、合作交流及动手实验的途径，优化学生的学习方式。同时，让学生自己设计、讨论方案并动手实验，教师不包办代办，是突出学生主体地位的重要方式
	［课堂练习］如何检验某 $FeCl_2$ 溶液是否变质？	应用新学知识解决问题	通过典型例题及时巩固并应用新知识，以突出重点，提高学生主体的学习效果
	［评价］展示表格，总结 Fe^{2+} 和 Fe^{3+} 的鉴别方法	在设计、讨论的基础上，归纳鉴别 Fe^{2+} 和 Fe^{3+} 的方法，并评价方法的优劣	—
如何实现 Fe^{2+} 与 Fe^{3+} 之间的相互转化？	［提问］什么原因导致 Fe^{2+} 向 Fe^{3+} 转化，从而导致高铁血红蛋白血症？ ［评价］一些具有氧化性的物质将 Fe^{2+} 氧化为 Fe^{3+}	根据铁元素化合价的变化，利用氧化还原反应相关理论分析高铁血红蛋白血症的形成原因	学生已经学习了氧化还原反应的有关知识，有足够的能力分析高铁血红蛋白血症的形成原因，此时，教师需要给予学生回忆、分析及展示的平台，这也是突出学生主体地位的重要途径

续表

拟解决的问题	教师活动	学生活动	设计意图
如何实现 Fe^{2+} 与 Fe^{3+} 之间的相互转化？	[过渡]根据所学知识，哪些物质具有氧化性？请大家根据所提供的新制氯水、KSCN 溶液、$FeCl_2$ 溶液等试剂进行实验探究	根据提供的试剂，分组设计实验方案并动手实验	本节课的主线是高铁血红蛋白血症的辨析、成因及治疗，每一步均以自主探究形式推进，既体现了化学学科的特色，也让学生成为分析问题和解决问题的主要参与者
	[评价]请两到三个小组分享实验方案及实验成果	分享实验方案及实验成果	分享实验方案及实验成果的过程既是学生推进学习进程的活动，也是引发学生思维碰撞的过程
如何鉴别 Fe^{2+}、Fe^{3+}？	[提问]到底是先加新制氯水还是先加 KSCN 溶液？	思考、讨论加入试剂的顺序不同会导致什么结果	在让学生先动手实验的基础上，根据加入试剂顺序的不同，引发学生的认知冲突，从而突破难点
	[评价]请学生书写化学方程式	书写化学方程式	—
	[课堂练习]请设计实验方案，确定某溶液中含有 Fe^{2+} 而无 Fe^{3+}	根据所学知识设计实验方案	通过典型例题及时巩固并应用新知识，以突出重点，提升学生主体的学习效果

续表

拟解决的问题	教师活动	学生活动	设计意图
如何实现 Fe^{2+} 与 Fe^{3+} 之间的相互转化？	［提问］什么物质可使 Fe^{3+} 变回 Fe^{2+}，从而治疗高铁血红蛋白血症？ ［评价］一些具有还原性的物质将 Fe^{2+} 氧化为 Fe^{3+}	根据铁元素化合价的变化，利用氧化还原反应相关理论分析高铁血红蛋白血症的治疗方案	学生已经拥有了分析将 Fe^{2+} 转化为 Fe^{3+} 的经验，可以通过类比的方法顺利完成此步
	［过渡］根据所学知识，哪些物质具有还原性呢？请大家根据所提供的铁屑、$FeCl_3$ 溶液等试剂进行实验探究	根据提供的试剂，分组设计实验方案并动手实验	—
	［评价］请两到三个小组分享实验方案及实验成果 ［评价］请学生书写化学方程式	分享实验方案及成果，并书写相关化学方程式	—
	［课堂练习］某 $FeCl_2$ 溶液中含有少量 $FeCl_3$ 杂质，如何除去？	应用所学知识分析问题并解决问题	通过典型例题及时巩固并应用新知识，以突出重点，提升学生主体的学习效果
	如何保存 $FeCl_2$ 溶液？		—
如何实现 Fe、Fe^{2+} 与 Fe^{3+} 之间的相互转化？	［课堂练习］课本 P63 的第 10 题：阅读刻制印刷电路板的信息，写出相关化学反应方程式	阅读相关材料信息，并书写化学反应方程式	通过介绍化学在生产生活中的应用实例，开阔学生的视野，同时，让学生认识到化学学科的重要作用

续表

拟解决的问题	教师活动	学生活动	设计意图
如何通过典型的物质转化建构“铁三角”？	[课堂小结]“铁三角”	根据所学知识，填充“铁三角”	—
	[课外活动]请设计实验，探究红砖中是否含有铁元素，并画出流程图	记录、思考课外活动内容	“从生活走进化学，从化学走向社会”，同时，为对化学学科学习感兴趣的学生提供进一步发展的平台

八、教学反思

随着新课改的推进，教学应突出学生主体地位的理念逐步深入人心。一直以来，笔者都用心尝试在课堂教学中突出学生的主体地位，但往往觉得学生的主体地位很难真正落到实处。2012 年 12 月，笔者再一次执教“铁盐和亚铁盐”[①]时，对突出学生主体地位的途径有顿悟之感。在课堂上，笔者以高铁血红蛋白血症的辨析、成因及治疗为主线创设生活性、探究性、应用性的情境，强化了学生的学习动机，让置身其中的学生兴趣盎然且主动参与教学活动，真正达成了“将课堂还给学生，学生才是课堂主体”的目标，获得了较好的教学效果。

现代心理学认为，动机是引起、维持个体活动，并使活动朝某一目标进行的内在动力，是个体的愿望、兴趣、理想表现出来的激励个体活动的主观因素。[②]动机是在需要的基础上产生的，需要是一切行为的动力源泉，需要成为个体行为的动力就必须转化为动机。

① 课程教材研究所．普通高中课程标准实验教科书化学 1 必修 [M]．北京：人民教育出版社，2007:61-62.

② 李铮，姚本先．心理学新论 [M]．北京：高等教育出版社，2001:50-52.

心理学家的研究表明，需要本身是主体意识到的缺乏状态，但这种缺乏状态在没有诱因出现时，只是一种静止的、潜在的动机，表现为一种愿望、意向。只有当诱因出现时，需要才能被激活，而成为内驱力，并驱使个体趋向或接近目标，这时需要才能转化为动机。①

学习动机一旦得以强化，那么学生就会主动参与学习。当主动参与学习时，学生的主体地位也就落在实处了。为了强化学生的学习动机，笔者主要做了以下工作。

（一）用学生知道但又缺乏科学认识的材料创造情境

对于高铁血红蛋白血症，学生在生活中可能早已听说过，但高铁血红蛋白血症的辨析、成因及治疗到底是怎样的呢？大多数学生可能缺乏科学认识，这无疑会促使学生产生急于了解的需要。本节课以高铁血红蛋白血症的辨析、成因及治疗为主线组织教学，让学生对每一步都充满了解的需要。

（二）用实验探究激发学生浓厚的兴趣

化学是一门实验学科，而实验探究的教学方法强调学习的过程，让学生通过切身体验来掌握概念和规律，符合学生的认识规律，有利于培养学生从形象思维到逻辑思维的提升，帮助学生从感性认识上升到理性认识。在实验探究活动中，学生情绪饱满，兴趣浓厚，求知欲旺盛，参与热情高，其积极性、主动性得以充分发挥。

（三）用问题驱动式教学强化学生的探究动机

笔者根据教学目标，以高铁血红蛋白血症的辨析、成因及治疗为载体，设置了Fe^{3+}的检验、Fe^{2+}转化为Fe^{3+}、Fe^{3+}转化为Fe^{2+}等环节，让学生在提出问题、分析问题、解决问题的过程中永葆探究的动力。

① 李铮，姚本先．心理学新论[M]．北京：高等教育出版社，2001:50-52.

（四）为学生主体地位的落实提供必要的条件

学生在提出问题、分析问题及解决问题的过程中，既需要足够的时间思考、讨论问题，也需要展示自主学习成果或合作学习成果的机会和平台。教师既然要落实学生的主体地位，就要根据学生的认知发展特征给予学生必要的学习条件，同时也要满足学生展示学习成果的心理需求。为此，笔者在教学过程中给予学生足够的思考时间，并鼓励学生分享学习成果，这无疑在很大程度上调动了学生的学习积极性。

（五）通过合理的知识衔接持续加深学生的成功体验

当怀有充分的学习动机时，学生就会主动参与学习，但是学生的学习热情极易冷却。为此，教师理应创造更多机会让学生体会学习成功的快乐①。在 Fe^{3+} 的检验、Fe^{2+} 转化为 Fe^{3+}、Fe^{3+} 转化为 Fe^{2+} 等环节，笔者让学生在自主设计实验方案、小组讨论实验方案的基础上进行实验探究，使学生所遇到的问题在同伴互助、实验探究及师生评价中得以解决，使学生“跳一跳就能够得着”，从而使学生一听就懂，一学就会；在习题设置中，笔者通过及时巩固及“换汤不换药”的方式，改变问题情境，突出主干知识的巩固和应用，让学生看到了自身良好的学习效果。这些合理的知识衔接均持续加深了学生的成功体验，从而让学生在愿意参与的基础上，也觉得自己有足够的能力参与，让学生产生“我学习，我快乐”的情感。

总之，教师在组织教学时，要想办法让学生乐意学、需要学、会学习且能学得懂，这样学生的主体地位就不仅仅是停留在教师赋予的层面了，而是已被学生扎扎实实地践行。

① 符爱琴．拷问“疯狂的石头”激活学生探究动力 [J]．中学化学教学参考，2012（12）：27-29.

第三篇 “乙醇”教学实录

摘要：通过对乙醇的官能团及其性质的学习，引导学生通过对话概括醇类物质的共性及差异，从微观角度分析醇类物质主要性质的本质，强化学生学习有机化合物性质的思路及方法，在此过程中，创造性地设计有机化学基础之间的整合、无机化学与有机化学之间的整合以及物理知识与化学知识之间的整合，从而提升学生的科学素养。

关键词：对话教学；学科整合；乙醇

一、设计理念

高中化学课程是科学教育的重要组成部分，它对促进学生的全面发展有着不可替代的作用。然而，要想促进学生的全面发展，就必须提升学生的科学素养，而提升科学素养又建立在整合基础学科知识的基础上。这里的整合既有学科内整合，又有学科间整合，既有知识与技能的整合，也有过程和方法的整合。整合的过程自然而然地加深了学生的情感体验。此外，化学是一门实验学科，实验探究是学生发现问题、解决问题、获得知识、提高能力、加深体验的重要途径。鉴于此，教师在授课时应以实验探究的方式突出化学学科的特色，以此诱发、培养和维持学生的学习积极性。

二、教材分析

乙醇是一种和生产生活联系紧密的有机物，也是一种重要的有机物，从教材《有机化学基础》(苏教版)的设置来看，它上承脂肪烃、芳香烃、卤代烃，下启酚、醛、羧酸。可见，在授课时，教师既要对过去进行总结，又要对未来进行展望。关于乙醇的物理性质和常见的化学性质，在《化学（必修第二册）》中已做介绍，但只是从宏观角度简单叙述，并没有进行微观结构的探究，所以本节教材重在呈现物理性质探究的方法以及化学反应的实质分析。可见，在授课时，教师应注重探究方法的引导和培养。

三、课标分析

从《普通高中化学课程标准（2017 年版）》的要求来看，本节课主要涉及“简单的有机物及其应用”及《有机化学基础》中“烃及其衍生物的性质与应用”学习主题，其学习目标为“以乙烯、乙炔、乙醇、乙醛、乙酸等为例认识有机物中的官能团”“认识乙烯、乙醇、乙酸等物质的构造及主要性质和应用”“结合实例认识有机物官能团与性质之间的关系”“知道有机物之间可以相互转化”等，关乎证据推理与模型认知等核心素养的培育。可见，课标主要强调通过具体的代表性实例，认识一类物质的官能团及其化学性质。教师在授课过程中，可通过丰富的对话引导学生理解官能团及其化学性质。

四、学情分析

学生在《化学 2（必修）》中已经了解了乙醇的物理性质和常见的化学性质，在知识目标实现方面没有障碍；在学习用苯和 CCl_4 萃取溴水中溴的过程中，学生已掌握了定性探究液体有机物溶解度及密度的方法，然而苯和 CCl_4 均是难溶于水的有机物，而乙醇却是易溶于水的有机物，如何实现探究方法的转变是一大难点，需要教师引导；在学习卤代烃的过程中，学生已初步学习了用实验事实分析化学键变化情况的方法，在这方面，乙醇和卤代烃的教学有类似的地方，但如何设计探究实验以及如何提取重要信息，学生可能仍然存在困难，需要教师组织生本、生生、师生对话，并适时适当地进行点拨。

五、学习目标

（1）认识醇的组成和结构特点；掌握乙醇的重要物理性质及化学性质，并能从微观层面分析化学反应的实质；进一步理解官能团对有机物性质的决定性意义。

（2）理解探究液态有机物常见物理性质的原理及方法；学会从已有学习经验出发，设计分析有机化学变化实质的探究实验，并能从复杂的实验事实中提取有用信息。

（3）体会学习有机化学的规律性及系统性，培养创新精神。

六、核心问题

本节课主要围绕乙醇的官能团及其性质展开，在此过程中，强化醇类物质的共性及差异，重点在于乙醇的主要性质，难点在于通过乙醇认识醇类物质的共性及差异。基于此，本节课的核心问题可定为：以乙醇为例，请说明醇类物质有哪些性质？该核心问题可按逻辑关系分解为“乙醇的官能团是什么？”“什么是醇类物质？”“乙醇有哪些性质？” “醇类物质有哪些共性及差异？” 等子问题。

七、教学实录

【多媒体投影】某品牌酒的酒瓶，酒瓶旁题诗：何以解忧？唯有杜康。

【新课引入】酒，和我们的生活紧密接触，伴着历史的长河，一直流淌至今，和酒有缘的历史人物更是不胜枚举。有用杜康解忧的枭雄曹操，有用酒寻找灵感的诗仙李白，还有用酒壮胆的打虎英雄武松……那么，酒的主要成分大家知道吗？

【学生活动】观察乙醇。

【教师活动】乙醇是一种常见的醇类物质，什么是醇？它和酚在结构上的本质区别是什么？请大家阅读教材上的相关内容，结合多媒体投影，尝试进行自主概括。

【多媒体投影】请仔细观察，找出其中的醇和酚。

① $HO-CH_2-CH_2-OH$ ② $HO-CH_2-CH_2-Cl$ ③ $CH_3CH_2-O-CH_2CH_3$

④ $C_6H_5-CH_2-OH$ ⑤ C_6H_5-OH ⑥ $C_6H_5-CH(OH)CH_3$

【学生活动】学生积极阅读、总结、交流。

【教师引导】所谓醇，即烃分子中饱和碳原子上的氢原子被羟基取代形成的化合物。如何理解醇的概念，请大家先看投影，再请一名同学说说他的看法。

【学生活动】第一行的三种物质中第一种是醇，第二种和第三种均不是。

【教师引导】判断正确，其中第一种是醇，含有两个羟基，是二元醇，那由此可以说明哪些问题?

【学生活动】首先，醇类物质的官能团只能是羟基；其次，醇类物质的组成元素为 C、H、O，不能含有其他元素。

【教师引导】很好！我们再请一名同学看第二行，由此可以说明哪些问题?

【学生活动】第四种和第六种是醇，第五种是酚。醇中羟基和饱和碳原子直接相连，酚中羟基和苯环上的碳原子直接相连。

【教师总结】概括得很好！由此我们还可以看出，对于醇和酚的判断，不能仅看分子中有没有羟基和苯环，还要看羟基连接的位置。在醇类化合物中，人类最先认识的是乙醇，大家已经学过，请大家回忆并写出乙醇的分子式、结构式、结构简式，并与教材对照。

【学生活动】回忆并书写乙醇的分子式、结构式、结构简式。

【教师引导】乙醇的分子式、结构式、结构简式的书写都是比较简单的问题。

【课堂过渡】按照科学家研究物质的方法，现在我们应该探究乙醇的物理性质了。请大家参照屏幕上的提示，先自主设计并利用台面上的仪器进行实验，然后与小组同学交流，最后请同学介绍自己的成果。

【多媒体投影】乙醇物理性质的探究。

实验药品：乙醇、蒸馏水。

实验仪器：大烧杯、小烧杯、铅笔、乒乓球、滴管等。

实验内容及结论如表 11 所示。

表 11　乙醇物理性质探究

物理性质	颜色	状态	气味	溶解度（水）	密度（水）
实验操作					
实验结论					

【学生活动】学生依据相关提示，积极思考并实验。

【教师活动】教师巡视并给予必要的指导。

【教师提问】现在请一名同学说说自己的看法，其他同学随时准备评价和补充。

【学生活动】对于乙醇的颜色、气味及状态的探究，可以直接取乙醇于烧杯中，通过观察直接得出结论；对于乙醇在水中的溶解度的探究，可以根据生活常识进行判断，也可以通过把水、乙醇混合的方法进行探究；对于乙醇的密度的探究，要做对照实验，依据就是采用曹冲称象的方法，可以先把乒乓球放入水中，画一条刻度线，然后把此乒乓球放入乙醇，通过观察刻度线在液面上、液面下等不同现象，即能定性得出乙醇的密度与水的密度的大小关系。

【教师评价】该同学能娴熟地把生活常识和物理知识运用到化学课堂上，注重学科之间的综合运用，非常好。对于乙醇的其他物理性质，如沸点，我们可以通过查阅资料的方式进行学习。现在请同学们及时总结并记录。

【课堂过渡】刚才我们用实验方法探究出乙醇的物理性质，下面可以研究乙醇的化学性质了。结构决定性质，对于有机物来说，官能团决定了一类物质的性质，所以，应先研究乙醇的官能团及其特殊结构。请大家看大屏幕。

【多媒体投影】

乙醇的几种表达式：

（1）分子式：C_2H_6O；

（2）结构简式：CH_3CH_2OH、$CH_3CH_2–OH$、$C_2H_5–OH$；

（3）结构式：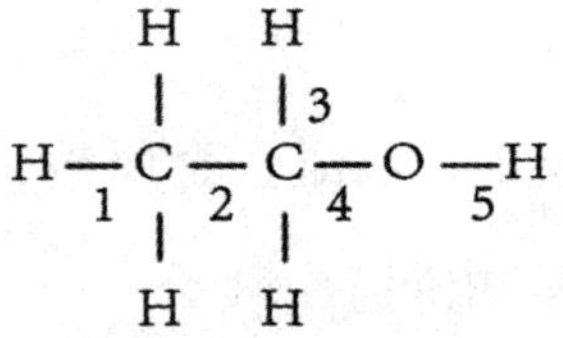。

【教师引导】乙醇的官能团是羟基，羟基决定了乙醇的主要化学性质；另外，请大家判断乙醇分子中H原子的化学环境有几种？

【学生活动】有三种。

【教师引导】对，H原子的化学环境有三种，其中，甲基上的3个H原子化学环境相同，亚甲基上的2个H原子化学环境相同，羟基上又是一种。换句话说，乙醇分子中有五种不同的化学键，如投影所示。化学反应的实质是旧键的断裂和新键的形成，所以在有关乙醇的反应中，乙醇本身的某些化学键必定发生断裂。我们已经学习过乙醇的部分性质，试列举乙醇发生的化学反应，并分析断裂的化学键。

【学生活动】学生积极回忆、书写、交流。

【教师活动】教师巡视并检查学生交流的情况。

【课堂过渡】同学们都能积极地回忆，很好！现在我们来探究乙醇与活泼金属的反应。请大家首先思考，该反应中乙醇分子断裂了哪些化学键。如果不能确定，请结合教材67页“活动与探究”栏目，思考如何运用实验的方法进行探究。2分钟后请看大屏幕。

【教师活动】巡视、检查、指导。

【多媒体投影】

乙醇与活泼金属反应的实验探究：

实验目的：研究乙醇与活泼金属反应时断裂化学键的情况，乙醇和水中的羟基活泼性比较。

实验试剂：乙醇，蒸馏水，乙醚，金属钠，煤油。

实验仪器：烧杯(4个、相同)、镊子、小刀、小试管(2个)、酒精灯等。

实验内容及结论如表12、表13所示。

表12　乙醇与钠化学性质探究

实验内容	钠+乙醇	钠+乙醚	钠+煤油
实验现象			
实验结论			

表 13　乙醇与钠化学性质探究

实验内容	钠 + 水	钠 + 乙醇
实验现象		
产物验证		
实验结论		

提示：煤油的主要成分为各种饱和的液态烷烃，请你认真分析乙醇、乙醚、烷烃在结构上的相同点，并根据不同的现象判断是什么结构决定了乙醇具有该性质，其反应的实质又是什么。

请你依据上述实验，写出钠与乙醇反应的方程式，并标出乙醇分子中断裂的化学键。

【学生活动】学生依据大屏幕上的提示，相互交流后动手实验。

【教师总结】教师依据实验的内容提问、评价、总结。

【课堂小结】我们今天只学习了乙醇的物理性质及其与活泼金属的反应。乙醇还有很多其他的化学性质，有余力的同学可提前思考相关问题。

【板书设计】略。

【作业布置】(提前打印，此时发下)

(1) 在一定条件下，苯是一种难溶于水的液态有机物，请你用简单的方法和常见的仪器及试剂，设计至少三种实验定性探究苯和水的相对密度。乙醇是一种易溶于水的液态有机物，结合本节课所学知识，请你谈谈这两类有机物和水的相对密度的探究方法有何异同。

(2) 下列事实中，能说明乙醇分子中有一个 H 原子和其他 H

原子不同的是（　）。

A. 乙醇的官能团是羟基

B. 乙醇能在空气中燃烧，且产物之一是水

C. 乙醇可以和活泼金属发生置换反应

D. 1mol 乙醇和足量的金属钠反应，可以放出 0.5molH_2

（3）在 120℃的环境中，4.6g 某饱和一元醇在足量的氧气中充分燃烧，将其产物通过足量的碱石灰，碱石灰增重 14.2g，请确定该饱和一元醇的结构简式。

八、教学反思

本节课重在授之于“渔”，并对“渔”的方法进行及时总结和创新，以求深化学生对研究有机物的程序和方法的认识。其中，用李比希法测定有机物的分子式在前面课程中已多次练习，所以没有必要在课堂上浪费时间讲解，从而提高了课堂教学的有效性。另外，本节课的最大特色在于以“最近发展区”理论为指导，从学生的已知出发，创造性地设计了有机化学基础之间的整合、无机化学与有机化学之间的整合以及物理与化学知识之间的整合，既提高了学生学习的兴趣，又帮助学生提升了自身科学素养，从而为学生的自主学习打下了坚实的基础。

第四篇 “卤代烃”教学实录

摘要：通过对1-溴丙烷的官能团及其性质的学习，引导学生通过对话概括卤代烃的共性及差异，从微观角度分析卤代烃的主要性质的本质，强化学生学习有机化合物性质的思路及方法。同时，通过实验探究加深学生对实验现象的记忆、对化学原理的理解，提高学生的动手能力、观察能力、应变能力，激发学生的学习热情，强化学生的科学探究意识，促进学生学习方式的转变。

关键词：对话教学；1-溴丙烷；卤代烃；实验探究

一、设计理念

教材改革是新课改的重要组成部分，不仅体现了教材栏目和教材内容设置的变化，更蕴含着新课改的思想和理念。从这个角度来说，深入比较新课改前后教材的变化，对于化学教师对新课改理念的准确把握大有裨益。

相较以前的老教材，不管哪种版本的新教材，均设置了更多具有实验探究性质的内容或栏目。这种变化无疑更能体现化学学科的特性，因为化学是一门以实验为主的学科。由此可见，实验探究应该成为教师引导学生学习化学学科以及培养学生化学学科思维的重要方式。

事实上，在实验探究的过程中，学生对实验现象的记忆会更加牢固，学生对化学原理的理解会更加准确，学生的动手能力、观察能力、应变能力，会通过训练而得到提升。同时，学生会发现一些未曾预知的问题，而这些问题会激发学生更大的学习热情，最终，使学生学习化学的信心和能力都得到大幅度提高。此外，以化学实验为主的多种探究活动可以使学生体验科学研究的过程，激发学生学习化学的兴趣，强化学生科学探究的意识，促进学生学习方式的转变，从而在实践中培养学生的创新精神。

二、教材分析

本文研究的课题是“卤代烃”① 第二课时的内容，主要涉及卤代烃的性质等内容。

教材在编排这一节内容时，先是以文字的形式介绍常见卤代烃的状态、沸点、溶解度及其变化规律。紧接着教材以“观察与思考”栏目的形式，通过相同装置来设计 1- 溴丙烷的消去反应和水解反应，进而在比较反应物、反应条件、生成物和化学方程式的基础上，引导学生得出“溶剂不同，卤代烃与碱的反应产物也不同”的结论。另外，教材还以“信息提示”栏目的形式引导学生分析消去反应的条件，从而使学生对消去反应的认识更加深入。

① 王祖浩．选择性必修 3 有机化学基础 [M]．南京：江苏凤凰教育出版社，2021:110-118.

从整个高中化学教材（苏教版）来看，卤代烃是有机合成中常用的中间体，既承上又启下，起到了非常重要的桥梁作用，也是高考试卷中有机大题经常青睐的考点（在2011年高考中，全国卷1、全国卷2、山东卷、浙江卷、福建卷、安徽卷等绝大多数化学试卷中有涉及），这均在一定程度上显示了卤代烃的重要性。

三、课标分析

从《普通高中化学课程标准（2017年版）》的要求来看，本节课主要涉及《有机化学基础》中“烃及其衍生物的性质与应用”学习主题，其学习目标为“认识卤代烃的组成和构造特点、性质、转化关系及其在生产、生活中的重要应用”“以卤代烃为例，认识水解反应、取代反应、消去反应的特征及规律，了解有机反应类型和有机物构造特点的关系”等，关乎证据推理与模型认知等核心素养的培育。可见，课标主要强调通过1–溴丙烷等具体的卤代烃代表性实例，认识卤代烃一类物质的官能团及其化学性质。教师在授课过程中，可通过丰富的对话引导学生理解卤代烃官能团及其化学性质。

四、学情分析

在《化学（必修第二册）》中，学生已经初步接触了甲烷、乙烯、苯、乙醇等简单有机物；在《有机化学基础》中，学生在此之前已经学习了有机化学的基础理论以及脂肪烃和芳香烃的有关知识。也就是说，学生已经了解了有机化学常用化学用语、有机化学反应的特征以及有机化学反应机理的分析方法等，这些基本内容是学生学习卤代烃的必备基础，也是教师在设置“最近发展区”时主要考虑的因素。

然而，卤代烃是学生接触的第一大类烃的衍生物，而且卤代烃的消去反应和水解反应的实验、机理及条件又比较复杂，这给学生的学习带来了一定的困难。

五、学习目标

（1）了解卤代烃的典型物理性质。

（2）通过对1-溴丙烷结构和性质的学习，掌握卤代烃的结构、性质和用途。

（3）了解卤代烃水解反应和消去反应的条件和实质，并能判断其产物。

（4）了解卤代烃在有机合成中的重要作用。

六、核心问题

本节课主要围绕1-溴丙烷的官能团及其性质展开，在此过程中，强化卤代烃这类物质的共性及差异，重点在于1-溴丙烷的主要性质，难点在于通过1-溴丙烷认识卤代烃这类物质的共性及差异。基于此，本节课的核心问题可定为：以1-溴丙烷为例，请说明卤代烃有哪些性质？该核心问题可按逻辑关系分解为“卤代烃有哪些物理性质？”“1-溴丙烷的官能团是什么？”“如何检验1-溴丙烷的溴原子？”“如何检验卤代烃中的卤素原子？”“1-溴丙烷有哪些性质？”“卤代烃有哪些共性及差异？”等子问题。同时，在此过程中，要注意分析卤代烃的水解反应、消去反应的条件及本质。

七、教学实录

下面是对卤代烃物质的共性与差异进行的研究，以及对这一研究过程的详细记录（见表14）。

表14　卤代烃物质共性与差异研究

拟解决的问题	教师活动	学生活动	设计意图
卤代烃有哪些物理性质？	展示1-溴丙烷样品，引导学生观察其颜色、气味、状态，并引导学生通过将样品与水混合的方式来探究其溶解度及密度等物理性质	通过演示实验，观察并记录1-溴丙烷的重要物理性质，并默读教材P62的相关内容	让学生通过观察的方式得出结论，加深学生的印象，并巩固学生正确探究有机物典型物理性质的方法
1-溴丙烷的官能团是什么？如何检验1-溴丙烷的溴原子？	提出问题： 1. 如何检验溴化钠中的溴元素？ 2. 如何检验1-溴丙烷中的溴元素？	学生着手设计实验方案。先独立思考，然后在小组内进行小范围的讨论	通过问题引导学生回顾已学知识，并对未知知识进行假设
	收集实验方案： 1. 用滴加适量硝酸银溶液的方法来检验溴化钠中的溴元素； 2. 是不是也可以用直接滴加硝酸银的方法来检验1-溴丙烷中的溴元素？	学生汇报实验方案	充分体现学生的主体地位，为学生下一步产生认知冲突埋下伏笔
	根据上述实验方案进行实验： 1. 取适量的溴化钠溶液，滴加两滴硝酸银溶液； 2. 取适量的1-溴丙烷溶液，并滴加两滴硝酸银溶液	学生认真观察实验现象： 1. 第一支试管中出现淡黄色沉淀； 2. 第二支试管中并未出现淡黄色沉淀	通过实验探究，帮助学生产生认知冲突，从而激发学生继续探究的热情

续表

拟解决的问题	教师活动	学生活动	设计意图
1- 溴丙烷的官能团是什么？如何检验1-溴丙烷的溴原子？	演示实验：卤代烃的水解反应。 提供实验方案并实验(按照教材P62的装置进行，把其中的酒精灯加热改为热水浴加热)：5mL1-溴丙烷➞10mL20%的氢氧化钠水溶液➞加热（3～5分钟）➞取试管中反应后的少量剩余物➞加入稀硝酸至溶液呈酸性➞滴加硝酸银➞观察现象。 注意： 1. 在加热期间，教师与学生共同探讨三个问题：溴化钠中的溴元素为什么可以直接用硝酸银检验？在本实验中，可以不滴加稀硝酸至溶液呈酸性吗？如果这种方案可以检验出1-溴丙烷中的溴元素，那么1-溴丙烷在反应中肯定断裂了哪一个共价键？ 2. 装置图： 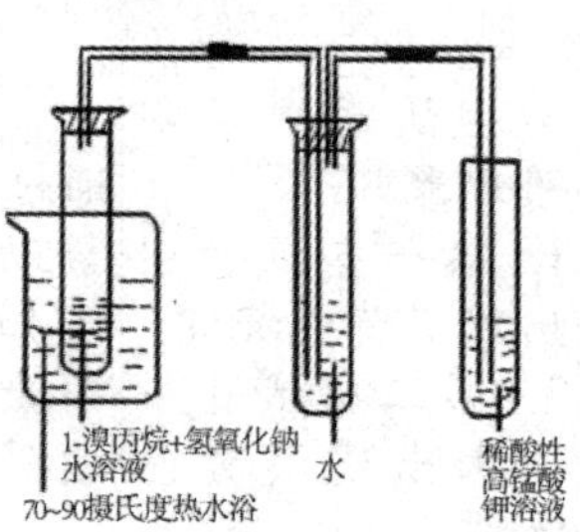 	观察、记录实验现象并在老师的引导下解决相关问题	在学生产生认知冲突后，提供新颖的实验方案，可以引导学生在比较中获得新知

续表

拟解决的问题	教师活动	学生活动	设计意图
如何检验卤代烃中的卤素原子？	提出问题： 如何检验卤代烃中的卤素原子？请思考并用自己的语言总结出来	思考问题并作出总结： 卤代烃→加入适量氢氧化钠水溶液→加热一段时间→加入足量稀硝酸使溶液呈酸性→加入两滴硝酸银溶液→根据沉淀的颜色判断卤素原子的种类	突出重点，夯实学生的基础
	课堂练习： 例 1. 某学生将1-溴丁烷与氢氧化钠溶液共热后煮沸几分钟后，冷却，滴入硝酸银溶液，结果未见到白色沉淀生成，其主要原因是（　　）。 A. 加热时间太短 B. 不应冷却 C. 加入硝酸银后未加稀硝酸 D. 加硝酸银前未加足量稀硝酸	应用所学相关知识解决问题	进一步帮助学生巩固重点知识。另外，在选择课堂练习时，教师也要注意学生的最近发展区，让学生“跳一跳”就可以把问题解决，这有利于提高学生的学习热情
1-溴丙烷有哪些性质？	提出问题： 在上述实验中，1-溴丙烷断裂了哪些化学键？你能推测出反应的产物吗？	利用实验探究的结果分析化学反应的实质	探究式课堂与填鸭式课堂的区别就在于问题的答案是老师直接说出来的还是学生在教师的引导下自主思考得到的。此时，一定要给学生留有充足的独立思考的时间，以便学生充分推测

续表

拟解决的问题	教师活动	学生活动	设计意图
1-溴丙烷有哪些性质？	介绍并引导学生分析1-溴丙烷的消去反应： （1）高锰酸钾溶液为什么会褪色？ （2）最后一步滴加硝酸银后会看到淡黄色沉淀，说明1-溴丙烷断裂了哪些化学键？ （3）请写出1-溴丙烷与氢氧化钠的乙醇溶液发生反应的化学方程式； （4）什么是消去反应？	思考问题，书写化学方程式并评价	实验探究的一个目的是解决问题，此时，教师需要用适宜的问题来引导学生，以便使学生积极投入学习
卤代烃有哪些共性及差异？	介绍并引导学生总结卤代烃的水解反应： （1）分步进行； （2）反应条件； （3）化学键变化； （4）反应类型； （5）哪些卤代烃可以发生水解反应？ （6）卤代烃的水解反应的产物是什么？有什么用途？	学生总结卤代烃的水解反应： （1）先生成卤化氢，然后卤化氢与强氧化物钠发生反应； （2）强碱的水溶液； （3）断裂碳原子与卤素原子之间的共价键； （4）取代反应； （5）几乎所有卤代烃均可发生水解反应，但是溴苯等发生水解反应的条件较为苛刻； （6）可以用来制备醇类物质	帮助学生熟练掌握细节知识点，以便为后面的比较、总结服务
	课堂练习： 例2. 请写出R-X与氢氧化钠水溶液共热发生反应的化学方程式。 $R-X+NaOH \xrightarrow[\triangle]{水} ROH+NaX$	书写、板演及评价	进一步引导学生理解卤代烃水解反应的机理，为熟记化学方程式服务

续表

拟解决的问题	教师活动	学生活动	设计意图
卤代烃有哪些共性及差异？	演示实验：卤代烃的消去反应。 （1）装置：上述装置。 （2）步骤：5mL1-溴丙烷→10mL饱和氢氧化钠乙醇溶液→均匀加热→取试管中反应后的少量剩余物→加入稀硝酸至溶液呈酸性→滴加硝酸银→观察现象。 预设问题： （1）本实验的条件与水解反应的条件有何不同？ （2）中间试管里的水有何作用？ （3）稀酸性高锰酸钾可以检验哪些物质？ 注：在解决第二个问题时，增加一个“乙醇中滴加酸性高锰酸钾”的实验，以便学生理性分析	观察、记录实验现象，并思考相关问题	卤代烃因溶剂的不同而发生了两种机理不同的化学反应，授课时应着重引导学生用比较的方法来学习这两方面的知识，以加深学生的理解
	总结卤代烃的消去反应： （1）是不是所有卤代烃都可以发生消去反应？有机产物的个数和什么有关系？ （2）请写出下列化学反应的方程式： 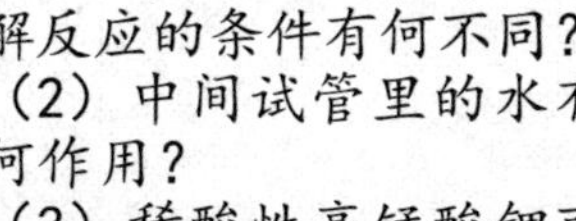 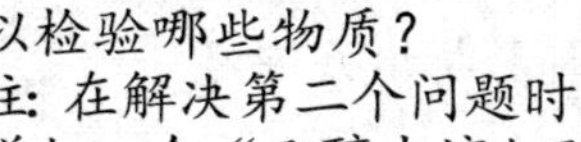 （3）卤代烃的消去反应的产物是什么？有什么用途？	思考问题并书写化学方程式： （1）β碳原子至少有一个氢原子的卤代烃才能发生消去反应，但是溴苯等卤代烃不容易发生消去反应；β碳原子上有几种化学环境的H原子，有机产物就有几种； （2）书写化学方程式； （3）可以用来制备烯烃、炔烃等不饱和烃	进一步引导学生理解卤代烃水解反应的机理，为熟记化学方程式以及有机合成推断服务

续表

<table>
<tr><th>拟解决的问题</th><th>教师活动</th><th>学生活动</th><th>设计意图</th></tr>
<tr><td rowspan="3">卤代烃有哪些共性及差异?</td><td>引导学生完成下面的表格:<table><tr><th>反应类型</th><th>消去反应</th><th>水解反应</th></tr><tr><td>反应物</td><td></td><td></td></tr><tr><td>反应条件</td><td></td><td></td></tr><tr><td>生成物</td><td></td><td></td></tr><tr><td>断裂价键</td><td></td><td></td></tr></table></td><td>完成表格并相互评价</td><td>总结、对比有利于学生知识的系统化</td></tr>
<tr><td>课堂练习:
例 3. 判断下列卤代烃能否发生消去反应,若能,请写出其产物的结构简式。
(1) $CH_3CHClCH_2CH_3$;
(2) $(CH_3)CCH_2Br$
例 4. 请以溴乙烷为原料,设计合成乙二醇($HO-CH_2-CH_2-OH$)的方案(以流程图表示),写出有关化学方程式并注明反应类型。
例 5. 请以框图的形式总结能生成卤代烃或卤代烃能发生的反应</td><td>完成相关练习</td><td>由于课堂时间有限,教师所选择的课堂练习必须典型,另外难度不宜太大,因为学生刚刚学习新知识,还没有来得及进行系统的巩固和内化</td></tr>
<tr><td>课堂小结:
(1) 卤代烃的典型物理性质;
(2) 卤代烃中卤素原子的检验;
(3) 卤代烃消去反应和水解反应的条件及实质;
(4) 卤代烃在有机合成中的作用;
(5) 感兴趣的同学可以自学教材 P64 的“拓展视野”栏目</td><td>勾画重点并查缺补漏</td><td>略做总结,能进一步引起学生对重点知识的注意,同时,为学生课下的复习提供目标引领</td></tr>
</table>

八、教学反思

学生是课堂的主体，理应成为评价教学设计、教学氛围以及教学效果等的第一考虑要素。在进行教学设计时，笔者先分析学情，然后根据学情考虑怎样教才更有效；在授课过程中以及授课后，笔者的反思先集中在学生身上，然后由学生的表现及反馈来判定教学设计的优劣。在这种思想指导下，笔者对本节课的教学设计主要有以下几点认识。

首先，绝大多数学生在学习过程中呈现积极的状态，学习效果良好。从这个层面来说，笔者对学情的分析、对难点的突破、对学习台阶的设置、对练习的选择等，既体现了教学目标的要求，也是适合学生的实际情况的，是有效的。也就是说，这种条理清晰的层层推进和环环相扣的系统学习模式的选择是科学的。

其次，通过教师的引导，绝大多数学生能进行有效的思考及讨论。本节课的第一次学习高潮出现在“1– 溴丙烷中溴元素的检验”这一部分，因为溴化钠中的溴元素可以采用直接滴加硝酸酸化的硝酸银的方法检验，而 1– 溴丙烷中溴元素的检验就不行，这让学生产生了较大的认知冲突，促使学生进行有效的思考及讨论。另外还有几个类似的部分，如“1– 溴丙烷在水解反应和消去反应中化学键的断裂位置的分析”“实验装置中水的作用的分析”以及“各课堂练习的处理”等。笔者的体会是，教师应注意激发、培养、调动学生在课堂上的“问题意识”，学生的“问题意识”一旦树立起来，学生的身心自然会跟着课堂走。

最后，本节课的教学容量比较大，教师一方面要处理好教学程序的衔接，另一方面要根据实际学情来进行安排。本节课的演示实验比较多，而且需要一定的加热时间，在这一段时间内，笔者将一些问题的解决穿插其中，在一定程度上增加了教学容量，提高了教学的有效性。此外，笔者任教的两个班级中，一个是基础较好的重点班级，一个是基础薄弱的普通班级。在普通班级授课时，课后学生向笔者反映“学得有点吃力”。这和教学容量大有较大关系，对于这种问题，教师可根据学生的实际情况对课时进行灵活调整。

第五篇 “原子”教学实录

摘要：以“水”为例，认识分子、原子的存在及特点，突出真实情境下问题的解决，用逐步深入的问题生成知识，既能帮助学生初步从分子、原子视角认识物质及其变化，知道分子和原子在化学反应中的变化特征，形成原子的概念，说明分子、原子的区别和联系，建立认识物质的宏观与微观视角之间的桥梁，也能为学生后续探究水的组成及变化打下基础。

关键词：对话教学；水；分子；原子

一、设计理念

本课时选择“‘水’到渠成”这一主题，拟以水的常见现象、性质及应用为主要学习素材，用“水”架起学生化学观念中宏观与微观之间的桥梁，主要有两方面考虑：一方面，水能与核心内容紧密关联。水是学生熟悉的物质，学生从水的常见变化现象能顺利推理出微观粒子的存在、性质及概念等核心内容，便于跨越本主题核心内容抽象的障碍。另一方面，保持与后续学习的连贯性。以“水”为例认识分子、原子的存在及特点，既能帮助学生初步从分子、原子的视角认识物质及其变化，搭建认识物质的宏观与微观视角之间的桥梁，也能为学生后续探究水的组成及变化打下基础。

二、教材分析

本单元主要包括“分子”和“原子”两个核心概念，基于物质是由微观粒子构成的观点，通过对微观粒子存在、性质及概念的不断探究，来认识并解释宏观物质变化的规律，在初中化学中占有重要的基础地位，能促进学生科学物质观和正确世界观的形成和发展。

第一课时聚焦分子概念的形成与应用。从“放在空气中的饼干会变软”出发，认识分子的真实存在；通过了解一滴水的体积、质量、个数等数值及分析晾晒衣服现象，演示水与酒精混合的实验，认识分子的大小、运动、分子间有间隔等性质；通过对浓氨水的实验探究，认识分子对化学性质的保持。

第二课时聚焦原子概念的形成与应用。通过呈现水的电解、氧化汞的分解及氢气与氯气反应的微观示意图，认识分子在化学变化中可分，原子在化学变化中不可分，比较分子和原子的区别和联系，揭示化学反应的本质。同时，从微观视角分析化学变化和物理变化、纯净物和混合物等，培养学生宏观辨识和微观探析的素养。

本课时教材在引入原子概念时，首先指出分子是由原子构成的，并结合分子模型来说明由同种原子和不同种原子构成分子的两种情况，给学生以分子种类和结构初步但直观的认识；其次通过两个典型的化学反应分析，获取“在化学反应中分子可以分成原子，原子可以结合成新的分子”“化学反应前后，分子种类发生变化，而原子的种类不会发生变化”等信息，据此形成“原子是化学变化中的最小粒子”的概念。

三、课标分析

从《义务教育化学课程标准（2022 年版）》的要求来看，本节课主要涉及“物质的组成与结构”“物质的化学变化”等学习主题，关乎化学观念、科学思维等核心素养的培育，其学习目标为“知道物质是由分子、原子等微观粒子构成的”“知道原子可以结合成分子”“能说明分子、原子的区别和联系”“理解化学反应的本质是原子的重新组合，化学反应前后，原子的种类和数量不变，分子的种类发生改变”等。可见，课标主要强调有关分子和原子的区别及从分子、原子视角认识化学变化。教师可通过模型拼插等活动或动画模拟等可视化手段，充分发挥学生的想象力，引导学生从分子、原子等微观视角认识物质及其变化，帮助学生建立宏观与微观的联系。

四、学情分析

学生在第一课时已学习了分子等微观粒子的存在及性质等，具备了对微观粒子的初步认识。但分子的学习是建立在大量常见生活现象的基础上，而原子的学习缺失相应的生活基础，教师需要通过模型帮助学生获得关于原子的直观印象。同时，要从化学角度对比分子和原子概念中的“最小”，帮助学生正确理解分子、原子的概念，以免学生拘泥于对概念定义的文字辨析。

五、学习目标

通过分析水电解生成氢气和氧气、氧化汞分解生成汞和氧气、氢气与氯气反应生成氯化氢的微观示意图，认识分子和原子在化学反应中的变化特征，形成分子和原子的概念，能说明分子、原子的区别和联系。其中，重点是分子与原子的区别和联系，难点是原子概念的形成。

六、核心问题

本节课主要围绕分子和原子的概念、区别、联系展开，其中，分子和原子的概念可弱化处理，重点在于从分子、原子视角认识物质及其变化，帮助学生建立宏观和微观之间的联系。基于此，本节课的核心问题可定为：分子和原子的区别和联系是什么？该核心问题可按逻辑关系分解为“什么是分子？”“什么是原子？”“分子和原子在化学变化中呈现什么特征？”“化学反应的本质是什么？”“分子和原子的区别和联系是什么？”等子问题。

七、教学实录

下面是对分子和原子之间的区别与联系进行的研究，以及对这一研究过程的详细记录（见表15）。

表15　分子与原子区别与联系探究

拟解决的问题	教师活动	学生活动	设计意图
环节1　温故知新，强化对“分子保持物质化学性质”的认识			
什么是分子？	1. 播放视频。播放中国航天员（神舟十四号乘组）首次在太空中度过国庆节的新闻视频，引出航天员饮用水话题。 2. 温故知新。航天员专用小分子团水具有饮用量少、在人体内储留时间长、排放量少等特点。航天员一次饮用125mL小分子团水，可维持人体6小时正常需水量。下列关于小分子团水的说法中正确的是（　）。 A. 水分子的化学性质被改变了 B. 小分子团水中水分子间没有间隙 C. 小分子团水中水分子停止了运动 D. 小分子团水的部分物理性质与普通水有所不同	观看视频，解答习题	根据正确率，针对性消除学生认识误区，深化学生对分子概念的理解
环节2　展示模型，获取“分子是由原子构成的”的直观印象			
什么是分子？	展示氢气、氧气、水的模型，引导学生认识氢气分子、氧气分子、水分子是不同的分子及一个水分子是由两个氢原子和一个氧原子构成的，建立“分子是由原子构成的”的化学观念	观察氢气、氧气、水的模型，认识氢气分子、氧气分子、水分子是不同的，能说出一个水分子是由两个氢原子和一个氧原子构成的	通过3~4名学生的表达了解学生的认知情况

续表

<table>
<tr><th>拟解决的问题</th><th>教师活动</th><th>学生活动</th><th>设计意图</th></tr>
<tr><td colspan="4">环节3　观看动画，建立化学反应微观过程模型</td></tr>
<tr><td>什么是原子？分子和原子在化学变化中呈现什么特征？化学反应的本质是什么？分子和原子的区别和联系是什么？</td><td>1. 播放水通电分解的微观动画，引导学生思考：化学反应的本质是什么？
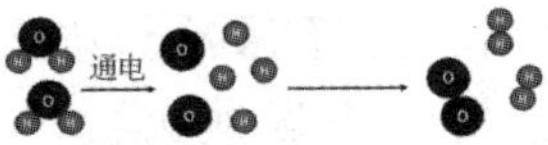

2. 组织学生交流教材P50的氧化汞分子分解示意图及课本P51的“交流与讨论”栏目，进一步认识化学反应的本质；
3. 结合1、2，引导学生思考：什么是分子、原子？分子和原子在化学变化中呈现什么特征？分子和原子有哪些区别和联系？</td><td>观看水通电分解的动画，建立水通电分解过程中“水分子分成氢原子和氧原子，氢原子结合成氢分子，氧原子结合成氧分子”的模型，初步形成“化学反应的本质是原子的重新组合”的化学观念，在此过程中理解分子和原子的概念，并分析分子和原子的区别</td><td>组织学生进行小组讨论，通过小组汇报的形式了解学生的掌握情况</td></tr>
<tr><td colspan="4">环节4　持续评价，全面落实学业要求</td></tr>
<tr><td colspan="4">1. 下列关于分子和原子的说法，错误的是（　　）。
A. 分子和原子都可以直接构成物质
B. 由分子构成的物质，分子是保持其化学性质的最小粒子
C. 在化学变化中，分子可以分成原子，原子又可以结合成新的分子
D. 分子和原子之间都有间隔，分子之间间隔较大，原子之间间隔较小
2. 若用“”表示氢原子，用“”表示氧原子，则保持水的化学性质的粒子是（　　）。
A. 　B. 　C. 　D. 
3. 下列能证明分子在化学反应中可以再分的变化是（　　）。
A. 碘受热变成碘蒸气　　B. 蔗糖溶于水
C. 酒精挥发　　D. 加热氧化汞产生氧气和汞
4. 下图表示两种气体发生的化学反应，下列说法正确的是（　　）。
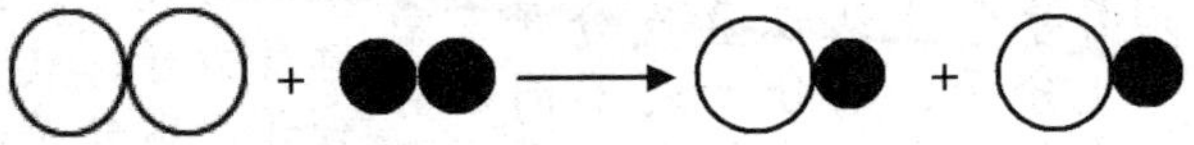
A. 生成物一定是混合物
B. 该反应既不是化合反应也不是分解反应
C. 化学反应前后原子的种类不变
D. 分子在化学变化中不可分</td></tr>
</table>

八、教学反思

本节课教学目标达成情况良好，大部分学生能比较好地迁移第一课时所学，并能根据分子模型和化学反应微观示意图进行微观想象和推理论证。学生活动紧张有序，学生表达充分广泛，能够认识分子和原子在化学反应中的变化特征，形成原子的概念，能说明分子、原子的区别和联系。

本节课的优点主要包括：用中国航天员（神舟十四号乘组）首次在太空度过国庆节的新闻视频引入新课,激发了学生的学习兴趣，培养了学生热爱祖国、科学报国的精神；突出真实情境下问题的解决，用逐步深入的问题生成知识，思路清晰，逻辑严密。本节课的不足主要有：注重学生化学学科思维的培养及自主学习习惯的养成，所需时间较长。要在40分钟内从容地完成本课时内容，需要更好的设计。

第六篇 “碳酸盐”教学实录

摘要： 从学生身边的事物出发，将碳酸盐与酸的反应转化为探究性实验，通过对碳酸钙、碳酸钠、碳酸氢钠等组成的对比，引导学生认识三者的相似性和差异性，逐步建立“结构决定性质”的学科观念，形成“宏观—微观—符号”三重表征的学科思维，寓知识学习与实验技能训练于实际应用，不仅让学生熟悉碳酸钙、碳酸钠、碳酸氢钠在组成和性质上的相似性和差异性，更让学生掌握探究物质性质的一般思路及方法。

关键词： 对话教学；碳酸盐；三重表征

一、设计理念

本节课将结合学生已有的知识和能力，从学生身边的事物出发，介绍碳酸钙、碳酸钠、碳酸氢钠在生产、生活中的用途，融入相关的学科知识与技能，寓知识学习与实验技能训练于实际应用，学用结合。此外，本节课通过对碳酸钙、碳酸钠、碳酸氢钠等组成的对比，引导学生认识三者的相似性和差异性，逐步建立“结构决定性质”的学科观念，同时，形成“宏观—微观—符号”三重表征的学科思维。

二、教材分析

本节课选自人教版《化学九年级下册》第十一单元《盐 化肥》，在学习本节课之前，学生已经学习了盐的类别中的氯化钠，明确了盐的定义以及盐的分类。本节教材在简要介绍了碳酸钙、碳酸钠、碳酸氢钠在生产、生活中的用途之后，通过前面已学的碳酸钙与盐酸的反应及含碳酸钙的建材被盐酸腐蚀的照片，引出碳酸钠、碳酸氢钠相关性质的讨论和实验，引导学生认识含碳酸根和碳酸氢根的盐具有与盐酸反应放出二氧化碳的共性。此外，为引出复分解反应的概念，教材特意列举了碳酸钠与氢氧化钙生成沉淀的反应，并由此进入复分解反应内容的介绍。

三、课标分析

从《义务教育化学课程标准（2022 年版）》的要求来看，本节课主要涉及“物质的性质与应用”学习主题，关乎化学观念、科学思维、科学探究与实践等核心素养的培育，其学习目标为“通过实验探究认识三种碳酸盐的典型代表碳酸钙、碳酸钠、碳酸氢钠的主要性质和用途，明确它们的微观构成，并通过对微观构成的分析找出共性，概括碳酸盐的检验方法”“体会科学家探索物质的组成与性质的智慧，知道可以从物质的存在、组成、变化和用途等视角认识物质的性质”“通过物质的共性和差异性认识一类物质的方法”等。

四、学情分析

在碳酸钙、碳酸钠、碳酸氢钠中，学生最熟悉的是碳酸钙。在二氧化碳与澄清石灰水反应的产物及实验室制备二氧化碳的反应物中均遇到碳酸钙。因此，碳酸钙可以成为学生学习碳酸盐的参照物。学生可通过与碳酸钙比较，认识碳酸钙、碳酸钠、碳酸氢钠三者组成的相似性和不同点，再通过化学实验认识它们的物理性质、化学性质的相似性和不同点。

五、学习目标

（1）通过与碳酸钙对比，了解碳酸钙、碳酸钠、碳酸氢钠的组成及其在生活中的主要用途。

（2）通过实验探究，了解碳酸钙、碳酸钠、碳酸氢钠在化学性质上的相似性和差异性，了解探究物质性质的一般思路及方法。

（3）通过对碳酸盐共性的分析，掌握碳酸根离子的检验方法。

（4）通过对侯德榜事迹的学习，厚植爱国主义情怀。

六、核心问题

本节课主要围绕碳酸盐的化学性质及其检验展开，重点在于物质性质探究的一般思路及碳酸盐检验的方法。基于此，本节课的核心问题可定为：碳酸钙、碳酸钠、碳酸氢钠等典型碳酸盐有哪些重要的化学性质？该核心问题可按逻辑关系分解为“碳酸钙、碳酸钠、碳酸氢钠有哪些用途？”“碳酸钙有哪些化学性质？”“碳酸钠有哪些化学性质？”“碳酸氢钠有哪些化学性质？”“碳酸钙、碳酸钠、碳酸氢钠在组成和性质上有哪些相似性和差异性？”“如何检验碳酸根离子？”等子问题。

七、教学实录

下面是对碳酸盐的化学性质和检验教学过程进行的详细记录（见表16）。

表16　碳酸盐的化学性质与检验教学过程

拟解决的问题	教师活动	学生活动	设计意图
碳酸钙、碳酸钠、碳酸氢钠有哪些用途？	1. 创设情境，汇总膨松剂的成分，引导学生找出其有效成分； 2. 提供膨松剂知识链接，引导学生推测膨松剂的作用原理	1. 课前寻找膨松剂标签； 2. 分析对比，找出共性，揭秘膨松剂的有效成分，开展组内对话； 3. 根据知识链接猜想不同类型膨松剂的作用原理，然后开展组内对话	让学生从生活经验出发，感受化学的亲切性和真实性。同时，引导学生从化学角度分析问题，培养学生的信息处理能力
碳酸氢钠有哪些化学性质？	1. 提供实验用品，指导学生实验，及时评价，完善实验流程、展示学生实验作品，并评价； 2. 提供实验用品，引导学生对碳酸氢钠的性质和用途进行总结	1. 小组合作，设计实验方案，进行实验，记录现象； 2. 自主学习，总结碳酸氢钠的物理性质、化学性质以及用途，然后开展组内对话	培养学生的合作意识、设计实验和动手实验能力，帮助学生形成科学的探究过程和方法，引导学生建立“性质决定用途，用途体现性质”的基本观念

续表

拟解决的问题	教师活动	学生活动	设计意图
碳酸钠有哪些化学性质?	1. 提供另一种发面试剂：纯碱。纯碱馒头，没有加热，如何蓬松？ 2. 提供实验用品，引导学生对碳酸氢钠的性质和用途进行总结； 3. 提供松花蛋的配料表和生产原理，引导学生推测碳酸钠与澄清石灰水的反应	1. 类比迁移，猜想作用原理，并进行实验验证； 2. 自主学习，总结碳酸钠的物理性质、化学性质以及用途，开展组内对话； 3. 开展组间对话，补充完整碳酸钠的性质用途	将生活问题转变为化学问题，利用类比迁移的方法学习碳酸钠的性质与用途，形成科学的探究过程和方法，引导学生建立“性质决定用途，用途体现性质”的基本观念
碳酸钙有哪些化学性质? 碳酸钙、碳酸钠、碳酸氢钠在组成和性质上有哪些相似性和差异性? 如何检验碳酸根离子?	1. 引导学生推测碳酸盐的共性及检验方法； 2. 引导学生对碳酸钙的性质和用途进行总结； 3. 介绍侯氏制碱法并组织全班性师生对话	1. 讨论交流，通过对比碳酸钙、碳酸钠、碳酸氢钠与稀盐酸的反应，总结共性及检验方法； 2. 自主学习，运用类比迁移的方法总结碳酸钙的物理性质、化学性质以及用途； 3. 谈谈学习侯德榜事迹的感受	学会对比分析、归纳总结的学习方法，发展证据推理与模型认知的核心素养；引导学生厚植爱国主义情怀

八、教学反思

本节课将教材内容变成对生活中常见物质的组成、用途及性质的分析，引导学生根据提供的资料和已有的知识储备，将碳酸盐与酸的反应转化为探究性实验，充分挖掘探究性实验的功能与价值。

本节课的探究性实验不仅承载着“物质结构决定物质性质”的学科观念，而且承载着“宏观—微观—符号”三重表征的学科思维，从而让学生在真实情境中培育学科观念和学科思维。此外，本节课围绕核心问题的解决而展开的丰富对话，不仅让学生熟悉碳酸钙、碳酸钠、碳酸氢钠在组成和性质上的相似性和差异性，更让学生掌握探究物质性质的一般思路及方法。

第七篇 “气体制备装置设计”教学实录

摘要：以“如何设计气体制备装置？”为核心问题，通过“发生装置如何选择？”“收集装置如何选择？”“净化装置如何选择？”“干燥装置如何选择？”“收集装置如何选择？”“尾气处理装置如何选择？”等子问题为载体，逐步解决核心问题，引发师生、生生及自我的深度对话，从而促进深度学习。

关键词：对话教学；制取气体装置；核心问题；深度学习

一、设计理念

本节课主要遵循大单元设计理念，围绕化学学科核心素养，对知识、技能、问题、情境、活动、评价等进行结构化，形成一个完整的学习事件。一方面，本节课通过分析教材、课标、学情和课时情况，确定指向核心素养的学习目标，考虑知识的系统性与关联性，有效整合学科知识，提高学科内容的结构化程度，形成知识链，有利于学习进阶，实现知识的持续性建构；另一方面，本节课通过创设真实情境，为学生不断参与提供助力，实现课程与生活的关联，促进学生学以致用。

二、教材分析

本节课是对常见气体实验室制取装置选择方法的复习，是初中阶段的重点知识。此前，教材已经呈现了氧气、二氧化碳及氢气制取的内容，本节专题复习课旨在通过对制取气体的复习，进一步掌握有关实验室制取气体的一般思路、方法、规律，帮助学生在解决问题过程中系统理解制取气体的发生装置、收集装置、净化装置、干燥装置以及尾气处理装置的相关知识，通过分析比较，达到触类旁通、举一反三的目的，从而帮助学生实现知识的结构化，形成化学学科思维。

三、课标分析

从《义务教育化学课程标准（2022 年版）》的要求来看，本节课主要涉及“科学探究与化学实验”学习主题，关乎科学思维、科学探究与实践等核心素养的培育，其学习目标为“能正确选取实验试剂和仪器，依据实验方案完成必做实验，并能全面、准确地记录实验过程和现象”“能说明必做实验的基本思路与方法，分析实验实施的合理性，能体现严谨求实、敢于质疑的科学态度”等。这说明课标主要强调通过具体的实验活动初步形成化学实验探究的一般思路与方法，知道围绕实验目的确定实验原理、选择实验仪器、组装实验装置、设计实验步骤、实施实验，并完成实验记录，基于实验事实得出结论。教师可设计丰富的问题，引导学生逐步深入理解，并通过深入的对话让学生不断厘清思路。

四、学情分析

学生已经学习了氧气、二氧化碳、氢气等气体的性质及制取，奠定了部分气体制取的基础，初步具备制取气体的实际操作能力，但知识相对零散，对气体实验室制取的一般思路、方法和规律认识不足。为此，在设计专题教学时，教师需要创造丰富的情境、问题和对话的平台，让学生既有机会展示，又有机会碰撞，通过对问题的解决和总结，促进学生知识的结构化。

五、学习目标

（1）通过归纳整理，熟练运用简单的方法和装置制取气体，并能对装置进行改进以达到制取要求。

（2）通过讨论及问题的解决，结合物质间的转化规律，选择合适的药品和装置对气体进行净化和干燥。

（3）通过对典型事故的了解，认识处理废气的必要性，了解尾气处理的方法和装置。

六、核心问题

本节课以“如何设计气体制备装置？”为核心问题，通过“发生装置如何选择？”“收集装置如何选择？”“净化装置如何选择？”“干燥装置如何选择？”“收集装置如何选择？”“尾气处理装置如何选择？”等子问题逐步展开。

为此，特创设以下问题情境。

问题情境1：神舟系列运载火箭推进剂之一——氢气。实验室制取并收集氢气应选用的装置是什么？该装置的优缺点及改进方法是什么？

问题情境2：在制取氢气时，发现实验室中没有稀硫酸，只好用盐酸代替稀硫酸实验，能否得到纯净的氢气？若不能，可如何解决？

问题情境3：重庆“12·23”天然气井喷事故的罪魁祸首——硫化氢气体。若实验室制取硫化氢应选用的装置是什么？如何改进？

这些问题有效统领课堂教学，将学习内容以问题的方式呈现出来，并形成具有一定逻辑关系的问题链，既可以暗示学生学习和探究的线索，又可以有效地激活学生的认知结构，激发学生求解问题的欲望，使学生产生一种“其言皆若出于吾之口”“其意皆若出于吾之心”的情感共鸣，帮助学生在解决问题过程中理解制取气体的发生装置、收集装置、净化装置、干燥装置以及尾气处理装置的相关知识，在知识结构化形成的过程中，体会获取知识的科学方法，使化学课堂充满生机和活力。

七、教学实录

学习任务1：发生装置和收集装置的选择。

（1）情境引入：神舟出征，运送它的长征系列火箭加几号“油”？实验室制取氢气应选用图 5 中的装置是________。

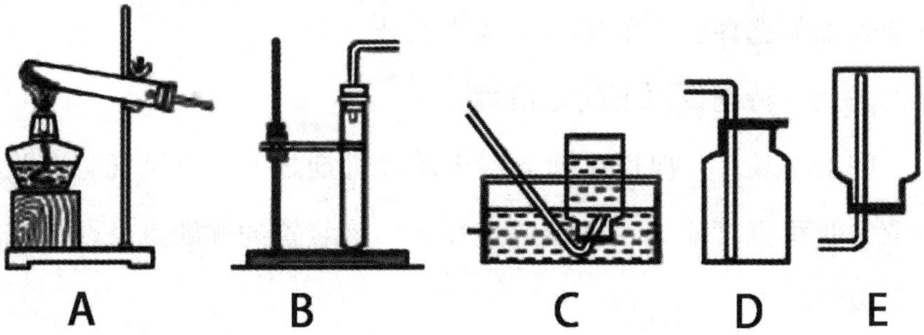

图 5

（2）发生装置选择的依据是________________，以下装置（见图 6）有哪些特点、优点及缺点？

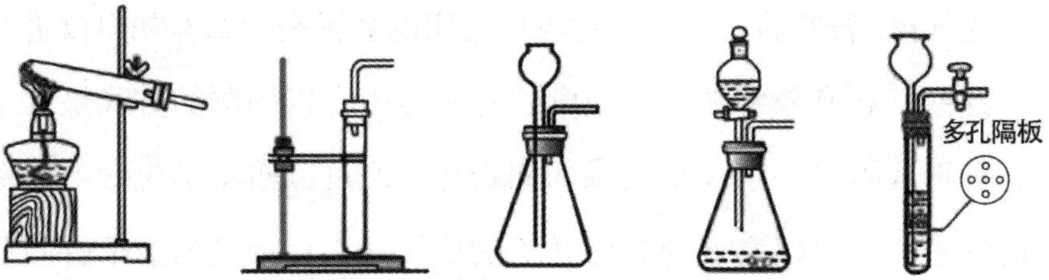

图 6

（3）图 7 中收集装置选择的依据：______________。

图 7

设计意图：以神舟十三号成功着陆的视频导入新课，引出“神舟出征，运送它的长征系列火箭加几号‘油’”的问题，在厚植爱国主义情怀的同时，引起学生对学习内容的关注，激发学生的学习兴趣，激活学生头脑中存储的知识，把新、旧知识联系、重组并完善知识结构，从生活走进化学，从化学走向社会。

学习任务2：净化装置和干燥装置的选择。

（1）情境引入：在制取氢气时，发现实验室没有稀硫酸，只好用盐酸代替稀硫酸实验，能否得到纯净的氢气？若不能，可如何解决？

（2）净化装置和干燥装置选择的依据是________________，以下装置（见图8）有哪些特点、优点及缺点？请填写表格（见表17）。

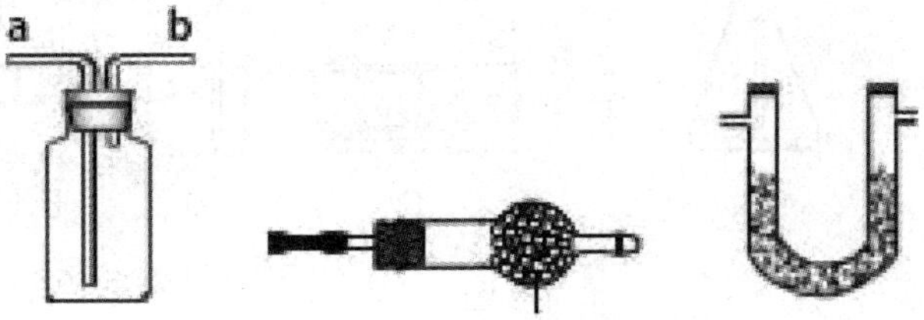

图8

表17　制取气体

试剂	浓硫酸	碱石灰	生石灰	氢氧化钠固体
被吸收物				
选择的装置				

设计意图：理解和把握教材中的知识内容，利用问题逐步深入，将学生零散的制取气体装置的相关知识以“发生→净化→干燥→收集”这条既能揭示知识与知识之间的逻辑关系，又便于学生理解掌握的教学活动的知识线，反映知识间的纵向与横向联系，传播学科知识，将不同部分构建成知识网，在头脑中组织起来，形成清晰、

系统的知识结构。

学习任务 3：尾气处理装置。

（1）情境引入：重庆“12·23”天然气井喷事故。

实验室可用硫化亚铁固体（FeS 不溶于水）和稀硫酸反应来制取硫化氢，硫化氢是无色、有刺激性气味、有毒的气体，密度比空气大，能溶于水，与水形成氢硫酸。若实验室制取硫化氢，应选用图 9 中的装置是哪个？如何改进？

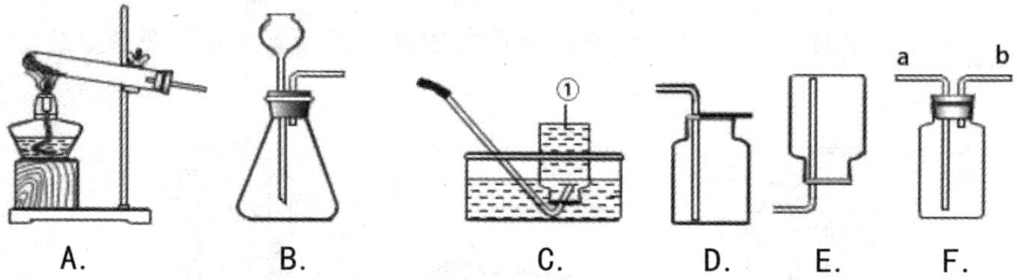

图 9

（2）总结尾气的处理方法及装置选择的依据：____________。结合所学的知识，你能为因井喷而疏散的群众提供一些应急的逃生方法吗？

设计意图：在具体的化学事实性知识以及对知识认识的过程中，总结、提炼出有关气体制备的认知模型，这是对化学学科本质、规律的再认识。在知识的认识过程中，能对与化学有关的社会热点问题作出正确的价值判断，逐步形成“绿色化学”的观念，具有安全意识，利用隐含在主线中的情感线、方法线促进师生思想碰撞、情感交流、价值认同，将知识转化成能力。

评价任务 1：结合如图 10 所示的实验装置回答问题。

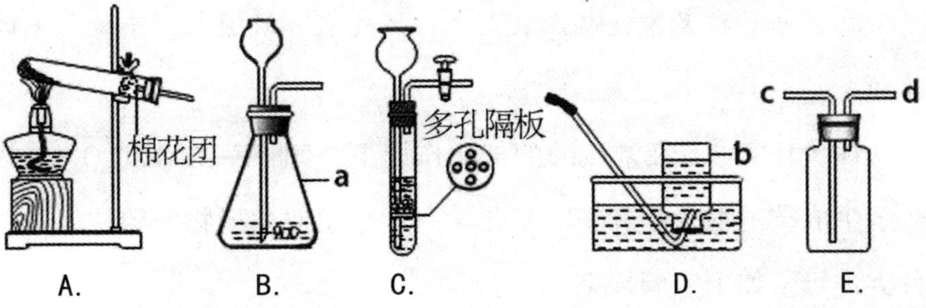

图 10

（1）图中仪器 a 的名称是 __________。

（2）实验室欲用高锰酸钾制取一瓶较纯净的氧气，应选择的制取装置为 ______（填字母）。写出化学方程式：____。

（3）若用 B 装置来制取 H_2，要控制反应的速率，应将长颈漏斗改为 _______；选用 D 装置收集氢气时，下列实验操作正确的是 ________________（填序号）。

①加热前，将集气瓶装满水，用玻璃片盖住瓶口，倒立在盛水的水槽中；

②加热后，观察到水中导管口开始有气泡时，立即收集气体；

③待集气瓶里的水排完后，在水面下用玻璃片盖住瓶口，移出水槽，倒放在桌面上。

（4）用 C 装置制取 CO_2 时，其优点是 ____。

（5）利用 E 装置可以完成的实验有 _________（填字母）。

①瓶内装有浓硫酸，气体从 c 端通入，吸收氧气中混有的水蒸气；

②气体从 c 端通入，收集氢气；

③在 d 端接量筒，瓶内装满水，氧气从 c 端通入，测量气体的体积。

评价任务 2：在浓硫酸的催化作用下，固体草酸 ($H_2C_2O_4$) 受热分解生成碳的氧化物和水。某化学兴趣小组对生成物中碳的氧化物种类进行了如下实验探究。

【提出问题】生成物中有哪种碳的氧化物？

【提出猜想】猜想 1：只有 CO。

猜想 2：只有 CO_2。

猜想 3：________。

【设计实验】为验证猜想，兴趣小组同学设计了如下实验（见图 11）：

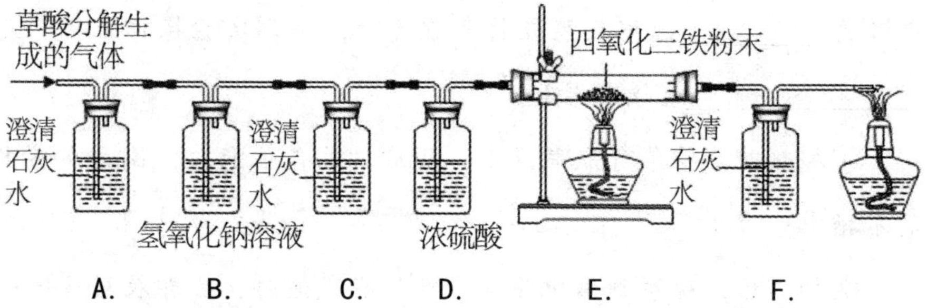

图 11

【现象分析】如 E 装置中观察到固体无明显变化，F 中澄清石灰水变浑浊，______（填装置序号）中观察到无明显现象，则证明草酸分解的气体中含有 CO。

【实验结论】通过实验探究证明：猜想 3 成立，草酸分解的化学方程式为 ________________。

【问题讨论】

（1）B 装置的作用是 ____。

（2）装置末端酒精灯的作用是 ____。

设计意图：将评价镶嵌在教学过程中，为学生不断反思与感悟等提供助力，实现课程与生活的关联，学以致用，促进学生思维的发展，实现深度学习与核心素养的发展。其一，利用纸笔检测和信息融合，及时反馈评价是否实现有关气体制备等学习目标，并增强学生的学习自信；其二，利用真实情境下的任务活动，促进学生围绕活动积累经验，凸显学以致用的目标，促进深度学习。

八、教学反思

本节课主要遵循大单元设计理念，依托真实的问题情境，以问题为指引，以任务为驱动，以活动为载体，以对话为策略，激发学生学习兴趣，引导学生不断进步，一步步丰盈知识，再将知识应用到生活中，确保学生学习经历的完整性，统摄知行合一，整合知识与经验、生活，既有知识上的螺旋上升和化零为整，也有方法上的形象展示和具体归纳，是真正的深度学习，能有效落实科学思维、科学探究与实践等核心素养的培育。

第八篇　“分子”教学实录

摘要：以“为什么蔗糖放入水中消失而水却有了甜味？”“物质是由哪些微观粒子构成的？”“微观粒子是真实存在的吗？”“微观粒子的特点有哪些？”“影响分子运动的因素是什么？”“如何通过实验验证分子在不断运动？”“影响分子间隔的因素是什么？”“如何设计实验探究影响分子间隔的因素？”“如何描述水分子？”等一系列具有逻辑关系、由浅入深、层层递进的对话情境，引导学生从微观视角认识宏观物质世界，培养学生宏观辨识与微观探析的科学思维模型，引领其认识化学与生活、化学与社会的密切联系，实现对物质构成奥秘的深度学习。

关键词：对话教学；原子；宏观辨识；微观探析

一、设计理念

对话教学是动态生成的和谐共生的课堂。师生对话是对话教学的核心和关键，但师生对话不是无助于思维拓展的对话主体之间肤浅的问和答，而是培育敢于质疑任何现存事物、观念的批判品质和创造精神的过程和方法。对话教学通过师生、生生及自我的深度对话，达成对重难点内容的深度学习。

二、教材分析

“分子和原子”是人教版《化学九年级上册》第三单元课题 1 部分的内容，在前两个单元中，学生已经从宏观层面学习了物质的变化及性质，本节课学生将从认识分子、原子的真实存在开始认识微观世界，是化学学习由形象到抽象、从宏观转向微观的开始。该主题旨在帮助学生用微粒的观念去学习化学，通过观察、想象、对比、模型的方法使学生初步理解化学宏观现象的本质。通过生活中的现象和实验探究培养学生的宏观辨识与微观探析、证据推理与模型认知的科学思维，科学探究与创新意识、科学态度与社会责任的化学学科素养。本节课的教学内容对学生了解微观世界、形成微观想象力至关重要，是继续探索物质构成的奥秘，理解质量守恒定律，解释一切化学反应实质的基础。因此，本节课的内容不仅起到承上启下的作用，而且是初中化学学习的重要部分。

三、课标分析

从《义务教育化学课程标准（2022 年版）》的要求来看，本节课主要涉及“物质的组成与结构”学习主题，注重化学观念、科学思维等核心素养的培育，其学习目标为“能说明分子、原子、离子的区别与联系”“能用分子的观点解释生活中的某些变化和现象”“能基于真实情境，从分子、原子的视角分析有关物质及其变化的简单问题，并作出合理的解释和判断”等。可见，课标强调从微观的视角认识物质的构成、性质及其变化，意在通过常见的宏观现象、实际应用加深学生对物质微观本质的理解。教师可设计由浅入深、层层递进、富有逻辑的对话情境，引导学生不断发现问题、分析问题并解决问题，通过深入对话，建立从微观视角认识宏观物质世界的思路与方法。

四、学情分析

学生在物理、科学等学科接触过分子和原子，对分子、原子等概念并不陌生。九年级学生已初步具备一定的抽象思维，但抽象思维能力还不突出，空间想象力较弱。“分子和原子”这一部分知识点细碎，涉及的内容抽象，虽然之前有所接触，但可能存在片面的认识。大多数学生依然很难从微观角度去理解物质的微观构成。因此，教师在设计教学时需要创造调动学生学习兴趣和好奇心的对话平台，让学生既有机会展示，又有机会碰撞，从而促使学生在动手、动脑中突破难点并感知化学学习的乐趣。

五、学习目标

（1）通过化学史实，体会原子论到分子学说的提出，是基于大量实验事实的一种理性思维,能够认识物质是由微观粒子构成的,并通过常见物质的微观结构图认识微观粒子是真实存在的，初步形成微粒观。

（2）能根据浓氨水使酚酞变红的实验，推理分子的性质；通过优化改进后的实验深刻体会化学实验观念。

（3）能根据物质的宏观现象认识分子的一般性质，能够通过小组合作设计探究影响分子间隔的因素；能从微观的角度，通过想象、推理解释生活中常见的现象和物理变化的本质。

六、核心问题

本节课主要围绕构成物质的微观粒子、分子的性质、探究分子性质的影响因素这三个教学环节展开对话教学，重点强化应用并在应用中进一步理解物质的微观世界。基于此，本节课的核心问题可分解为“为什么蔗糖放入水中消失而水却有了甜味？（创设情境）”“物质是由哪些微观粒子构成的？（认识微观粒子）”“微观粒子的特点有哪些？（分子的性质）”“影响分子运动的因素是什么？”“如何通过实验验证分子在不断地运动？（实验探究）”“影响分子间隔的因素是什么？”“如何设计实验探究影响分子间隔的因素？（分子的性质）”“如何描述水分子？（课堂小结）”等子问题。

七、教学实录

下面是对探究微观世界物质教学过程进行的详细记录（见表 18）。

表 18　微观世界物质探究教学过程

拟解决的问题	教师活动	学生活动	设计意图
为什么蔗糖放入水中消失而水却有了甜味？	提问 1：为什么糖块放到水里会逐渐“消失”，而水却有了甜味？湿衣服为什么能晾干？这些看似简单的生活现象，说明了什么？	自主思考并开展组内对话	让学生置身真实的学习情境，激发学生的好奇心，顺利切入对主题内容的学习
物质是由哪些微观粒子构成的？	简要介绍原子论和分子学说等化学史，向学生展示常见物质的微观结构示意图。 提问 2：通过这些事实，构成物质的微观粒子有哪些？它们是真实存在的吗？	从化学史、图片以及生活中的现象，想象物质是由微观粒子构成的。通过师生对话学生能够得出分子、原子、离子是真实存在的	通过化学史实的引入，观察、分析与科学事实的呈现，让学生感知分子、原子、离子的真实存在
微观粒子的特点有哪些？	采用“水分子的自述”：我是一滴水，一滴水中大约有 1.67×10^{21} 个水分子，一个水分子的质量约为 3×10^{-26}kg，如果 10 亿人来数一滴水里的水分子，每人每分钟数 100 个，日夜不停，约万年才能数完。 提问 3：根据水分子的告白，你能得出分子具有什么性质？	通过师生对话，学生能够认识到分子很小，并能够在教师的引导和追问下回答“小”包括分子的质量和体积都很小	以身边常见的物质水创设情境，采用具体数字和拟人化的手法，让学生感知分子的体积和质量都很小，这样有利于激发学生的学习兴趣

续表

拟解决的问题	教师活动	学生活动	设计意图
影响分子运动的因素是什么？如何通过实验验证分子在不断地运动？	1. 设计实验，感受分子在不断运动，探究温度对分子运动的影响； 2. 根据教材改进实验，如图12、图13所示： 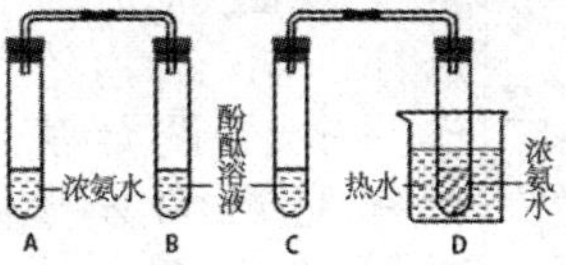 图12　　图13 提问4：观察到了什么现象？这说明了什么？ 提问5：试管D中变红得更快，说明了什么？ 提问6：通过实验，你能得出什么结论？	通过小组合作、交流与讨论，学生能够进行有效的生生、师生对话。 生：试管B和C中的酚酞溶液都变红色，并且试管C中变得更快。 生：说明分子在不断运动。 生：加热加快了分子的运动。 生：分子在不断运动。温度越高，分子运动得越快	该实验从节约药品、减少环境污染、探究内容等角度，在教材实验的基础上进行了改进和优化，旨在培养学生的科学探究与创新意识、科学态度与社会责任的化学学科素养
蔗糖放入水中消失，而水却有了甜味。这个现象除了说明分子在不断运动，还说明什么？	提问7：从实验现象中，你能发现什么？ 教师引导：蔗糖是由蔗糖分子构成的，水是由水分子构成的，蔗糖消失是因为蔗糖分子均匀地分散在水分子中。 教师演示将水和酒精充分混合后，混合液体的液面下降的实验，使学生可以更加直观地感知分子之间有间隔的事实	在教师的引导下，学生能够想象到分子之间有间隔，并能够通过实验现象切实感受分子之间存在间隔的事实	从生活到实验，从熟悉到陌生，帮助学生逐渐建立微粒观

续表

拟解决的问题	教师活动	学生活动	设计意图
影响分子间隔的因素是什么？如何设计实验探究影响分子间隔的因素？	根据提供的实验用品设计实验，以小组为单位，探究影响分子间隔的因素。 教师引导学生对比实验的特征，利用注射器探究物质的状态和温度对分子间隔的影响，注意对比实验要控制单一变量。 提问8：为什么装有空气和水的注射器都能推动活塞呢？ 提问9：装有空气的注射器更容易推动活塞，这说明了什么？ 提问10：根据以上实验现象，你能得出什么结论？ 提问11：能否从微观的角度解释物体的热胀冷缩现象？能否从微观的角度解释水蒸发的本质是什么？	学生在教师的提示下，小组内合作讨论，设计实验探究影响分子间隔的因素，不同小组间汇报实验现象	借助宏观现象来帮助学生感知分子间有间隔，理解微观事物，使抽象问题形象化、具体化，使深奥的知识变得浅显而易于理解。 培养学生的科学探究能力，同时，让学生在做中学，能够更好地理解影响分子间隔的因素，并能够迁移应用，解释生活中热胀冷缩、水蒸发的本质，实现素养进阶
如何描述水分子？	请以思维导图的形式完成以下内容："水分子的自述"。 教师分享较为典型的思维导图，并组织全班性师生对话	根据自身经验，绘制思维导图，在组内分享，并参与全班性师生对话	为学生提供课堂学习反思的支架，帮助学生结构化所学知识

八、教学反思

分子和原子是学生初步接触微观世界的初始阶段，是学生今后学习和研究化学的必备基础，是初中化学教学重点。核心问题是对话教学的载体，本节课根据对教材、课标、学情的分析，提炼出对话教学的核心问题，并围绕核心问题的解决设计教学活动，注重培养学生的微粒观和透过现象看本质的科学思维能力，通过创设真实的情境，从生活现象到实验探究，以素养目标为导向，进行问题驱动，优化活动体验，开展多样化的课堂评价，引导学生通过宏观现象分析微观本质，建立“宏微结合”的思维模型，学会用微观视角解释生产、生活中的实际问题，从微观的角度认识物质的性质和变化；通过对比、分析、综合、评价等方法，使学生在解决真实化学问题的过程中，锻炼科学思维，并形成化学观念。